识干家

企業閱讀　學以致用

快消老手都在这样做

区域经理操盘锦囊

方刚◎著

中华工商联合出版社

图书在版编目（CIP）数据

快消老手都在这样做：区域经理操盘锦囊/方刚著. —北京：中华工商联合出版社，2015. 11

ISBN 978-7-5158-1464-3

Ⅰ. ①快… Ⅱ. ①方… Ⅲ. ①市场营销 Ⅳ. ①F713. 50

中国版本图书馆 CIP 数据核字（2015）第 240076 号

快消老手都在这样做：区域经理操盘锦囊

作　　者：方　刚
责任编辑：于建廷　效慧辉
责任审读：郭敬梅
封面设计：久品轩设计
责任印制：迈致红
出版发行：中华工商联合出版社有限责任公司
印　　刷：三河市文阁印刷有限公司
版　　次：2016 年 1 月第 1 版
印　　次：2016 年 1 月第 1 次印刷
开　　本：710mm × 1000 mm　1/16
字　　数：200 千字
印　　张：11. 5
书　　号：ISBN 978-7-5158-1464-3
定　　价：49. 80 元

服务热线：010 - 58301130
团购热线：010 - 58302813
地址邮编：北京市西城区西环广场 A 座 19 - 20 层，100044
http：//www. chgslcbs. cn
E-mail：cicap1202@ sina. com（营销中心）
E-mail：gslzbs@ sina. com（总编室）

博瑞森图书：企业阅读　本土实践

亲爱的读者朋友：

也许您是博瑞森图书的老读者，也许是新朋友，欢迎您阅读博瑞森图书！

当今中国，各行各业都存在着转型升级的压力与机遇。博瑞森图书与您一同应对转型挑战并发现其带来的机遇。

我们一直在问：什么样的书能为您解决管理难题并带来启发？

我们一直在找：哪些作品能帮助企业从跟随到领先？

我们一直在做：把最好的作品以最便捷的方式呈现给您，纸质版、电子版、书摘邮件、微信……

我们策划图书的原则是：

- 企业阅读——与您一样，做水中的游泳者，而非岸上的观众或教练，企业的困惑就是我们的任务。
- 本土实践——与您一样，立足本土环境，追求卓越实践，传播最适合当下中国企业的管理之道。

我们也向所有的企业管理者、管理咨询专家和企业研究者征稿，让更多被实践检验的好思想、好方法迸发出来，为企业助力！（bookgood@126.com 或 QQ：1963328416 或手机号 13611149991（微信号），绝非“自费出书”，不向作者收取任何费用）

如果有一天，您把博瑞森图书视为您优秀的事业伙伴、管理助手，我们也就实现了自己的梦想。

博瑞森图书

序言

自踏入营销行业算来也有20个年头了，从懵懵懂懂的青春年少到如今的不惑之年，终于明白所谓不惑就是在这个行业一把鼻涕一把泪的摸打滚爬之后，已经把这个行业当作自己不可分割的一部分了！

营销就是一个苦行僧的差事，踏进殿堂大门的时候，就注定了只有目标，没有捷径！

20年的时间不多，能做到的就是比别人“苦”一点、业绩比别人好一点、业余时间比别人少一点、写的东西比别人多一点，坚信的一点就是能在企业里做得最好，就一定能在行业里做得优秀！

就这样一晃20年！

这个职业很像拉车的车夫，既要低头拉好车，还要抬头看好路；只低头不抬头会走弯路，只抬头不低头会走不动路！更像是种地的农夫，既要播种收获，还要浇水施肥除草捉虫，收获只是结果，日常护理是过程，没有风吹日晒早出晚归的辛劳过程支撑，就没有金灿灿沉甸甸的丰厚收获！

随着年龄的增长，职位的升迁，职业的变化，一线的号角声离自己越来越远了。醉里挑灯看剑，梦回吹角连营，魂牵梦绕的依旧是豪情四射，纵兵驰骋！

了却君王天下事，赢得生前身后名，可怜白发生！这或许就是本书的心路缘起吧！

本书是根据这几年积累的资料整理而成，偏重的可能是一线原汁原味的实际操作，难免有着浓重的江湖味道甚至山寨气息，很多地方也不过是零零散散的只言片语，或者是一些工作旅途之余的心得。

希望自己始终是一个在营销大地上耕耘的农夫，面朝黄土背朝天，踏踏实实地做一个有思想的耕耘者！更希望自己作为一个践行者，在白发苍苍之年依然能站在营销的路边，为前行者点一盏微弱的灯！

第一章　区域经理怎样打下市场

第四章　区域经理如何管理经销商

第五章　深度分销怎么了

第一章　区域经理怎样打下市场

第一节　区域经理如何带兵打下“市场”

对于一个企业而言，区域市场经理是营销系统中重要的组织单位，企业营销上的具体动作基本都是通过区域经理来执行，是企业营销系统发挥的基本点，因而提升区域市场经理的能力是企业营销的一个重要环节。

本节就区域经理如何操作市场做系统描述。

（1）区域经理的定义：带兵打仗的人。“兵者，国之大事也！死生之地，存亡之道，不可不察也！”

（2）企业就是诸侯国。目前的市场处在营销战国时期，混战是主题，行业集中度是目标。

（3）战争的目标是和平。当行业集中度达到一定程度后，营销就开始弱化。和平时期裁军是非常正常的事情。

（4）从战争的角度看营销，营销就是攻与防的过程。

（5）品牌就是民心向背。

思考：以正合，以奇胜，守正出奇！

“正”为带兵（管理），“奇”为打仗（营销手段）！

会打仗的人们，你们会带兵吗？

一、区域市场经理的职责

思考：岗位标准很重要，但是培养一个合格的区域经理，需要什么样的岗位标准呢？即使有这样的岗位标准，能够培养一批合格的区域经理吗？

如果从理论角度出发，各种版本的区域市场经理岗位职责早就已经存在了，甚至已经细化到各个行业或具体企业。但是，当我们认真去接触这些经理时，会发现：只有很少的经理能把自己的职责完整复述一遍，即使能够做到，也会发现企业的岗位职责要么不全面，要么标准与实际工作不符合。

如某啤酒行业区域经理岗位职责标准：

（1）执行公司营销策略并对区域市场开拓进行策划。

（2）制订本区域营销计划、分解销售目标。

（3）提供市场趋势、需求变化、竞争对手和客户反馈方面的准确信息。

（4）督导办事处建设及开展业务工作，落实本地区域货款的回收；督导营销中心的销售政策的落实、各项制度的贯彻执行。

（5）控制所辖区域办事处费用开支，直接参与主持重要客户的业务谈判及成交。

（6）对业务人员进行培训和指导，对下属的工作进行评价并协助制订和实施绩效改善计划。

上述岗位标准存在的问题是：

（1）虽然是企业自己的岗位指导标准，但是没有针对性，几乎适合所有快消品行业。

（2）该岗位标准并不能完全描绘区域经理的实际工作。

最为重要的是：岗位职责仅仅给区域经理的工作提供了“日常工作”指导，也就是说只能让他们为工作而工作，不能在实战中提供帮助，缺乏实战操作指导。而区域经理实战中的不确定因素因个人性格和市场不同而不同，不可能根据每个人制订标准。

那么怎么解决这个问题呢？我们以啤酒行业为模版，从实战的角度去分析区域经理的岗位职责。

（1）营销本身就是一个涵盖面极广的行业，是杂家，而且行业变化速度很快。即使能够准确描述区域经理的工作，也会非常繁杂、枯燥，且不容易被牢记。何况需要满足各种理解能力人群的需求，必须有极高的文字组织水平保障。

（2）文字标准的最大弊端不在于能否全面描述，而是能否保证他们准确执行。营销工作上的大容量信息会使标准繁杂，而繁杂的标准容易造成执行上的“例行应付”，最终会使这些所谓标准成为废纸几张。

（3）岗位标准的目的就是指导行动，进而使企业营销队伍目标一致，行动统一。

（4）营销工作是在动态中、在不确定的时空中进行的。很多在这个行业的人士都有天马行空的感觉。在实际接触中，许多营销老总都感慨：这帮家伙没法带，简直就是一帮土匪。土匪的最大特点就是不喜欢过多的条条框框。

那么，企业就无法越过这个环节了吗？

当我们换个角度看问题的时候，事情就变得简单了。

既然市场就是战场，那么营销队伍就是军队。用管军队的思路去规范这些“土匪”，事情自然就简单了。

在企业营销系统这支队伍中，区域市场经理就是各级军官，“军官”的职责无非是带兵打仗。打仗的过程就是攻或守的过程，换句话说：攻——开辟疆土，守——保家卫国。那么区域经理所带的“兵”是什么呢？

一是嫡系部队，包括办事处（营业部）主任、业务员、促销（理货）员等自家兄弟。

二是雇佣军。通路成员包括一批经销商、二批经销商甚至终端。之所以是雇佣军，因为这部分“兵”与企业没有血缘关系，相对前者来说，战斗力弱，纪律涣散，没有攻城略地的能力，但是适合做后勤运输工作。

这些“兵”怎样才能带好呢？

（1）约法三章，考核跟进。让他们（尤其是雇佣军）吃上饭，甚至有条件时要大碗喝酒，大口吃肉，但必须是在把活干漂亮的基础之上（考核跟进）。

（2）治军之道，赏罚有道！员工不愿做希望的工作，而要做考核的工作。考核一定要与利益挂钩，雇佣军也是如此，让他们拿到“钞票”的时候，必须明白钞票的来源，即明白自己的收入与付出是成正比的。考核上要着眼于长期的“钞票”保障，让雇佣军明白：只要打下山头，就会有酒有肉有钞票。对此，要说到做到，不能靠“忽悠”。

（3）军纪严明，先教后罚！明确军纪后要不断地培训告之，对知法犯法者要处罚之。但是，军纪也不宜过于苛刻，技能上的个案类小错误可以忽略，只要跟进培训。

（4）适当淘汰。铁打的营盘，流水的兵，新兵相对老兵在执行力上有先天优势，不断充实新鲜血液，提高全军的执行力！

（5）扩军有“度”。企业的发展与管理的发展必须同步，如果“扩军”速度过快，就会造成企业管理或资金上的脱节。

二、区域经理市场开发

思考：善守者藏于九地之下，善攻者动于九天之上。

一个企业要发展做大，必须具有强大的市场开发能力。区域经理们的市场开发就几乎成了必修课，那如何做好“攻”的文章呢？

首先看下来自一些一线区域经理在攻击中遇到的烦恼：

（1）面对要攻击的市场，犹豫不决，不知道从哪个“城门”进攻。

（2）市场久攻不下，费用投入成了无底洞。

（3）市场年复一年投入，年年开花，年年不结果。

（4）在多品牌竞争的市场上，打倒一个竞品，又出来一个竞品，在手忙脚乱的同时，竞品往往会在局部市场上创造“打不死”的神话！

造成这些的原因大多是区域经理有勇无谋、仓促上阵、神志不清。

为此，区域经理在攻击之前，必须掌握如下原则：

（1）谋“势”。所谓谋势，指了解整个市场同类品牌的竞争态势，和影响消费市场的一些动向。以啤酒行业为例，如整个市场的口味变化，消费习惯改变，消费升级等。

（2）谋“局”。局部市场上的切入点选择，决定着“战役”的成败。比如，对进攻市场是自上而下打击，还是农村保卫城市，“作局”必须坚定准确！

（3）谋“规则”。每个市场都有一个领导品牌。在方便面市场上，康师傅红烧牛肉面在高档价区，不论桶装或是袋装，都是第一品牌。而这个品牌几乎决定着市场上的一些“规则”，如终端价格促销方式等。对于这些规则，是跟随是破坏，或是重新制订，区域经理必须有准确的选择！

那么，区域经理怎样作好“谋”的文章呢？

谋而后动——先“谋”自己，再“谋”对手。

如何先“谋”自己呢？

（1）必须先制订一个明确的作战目标，取得公司战略资源上的支持。

（2）要统一下属军队的意见，提高他们的士气。

（3）要明白自己的产品是否适合攻击市场。

（4）要选择合适的“先锋官”，并为其准备足够的人马弹药。

（5）制订完善的奖惩制度与时间表，亲自督战，协调公司的各路友军，如车辆、人员、生动化道具准备、品相准备等。

如何“谋”对手呢?

（1）准备充足的时间进行市场调查和资料收集，主要包括对手的品相结构、通路成员、利润分配、促销方式、主流终端控制模式等。在资料收集中，可以让下属以固定表格和样本的方式抽样走访，区域经理必须抽出时间到市场亲自走访，并根据报表回访抽查，对信息不准者予以批评，对造假者予以严惩!

（2）根据相关信息组织下属进行模拟演练，关键是分析对手的“兵力配置”，寻找对手弱点的同时，找出对手的长处，并在对照自己产品和兵力资源的同时，不断修正弥补，在演练之中寻找自己的“先锋官”。

（3）“抓舌头”。市场经济发展到今天，跳槽已经成为时尚，如果能把对手区域的最高长官擒获，收获会更大，甚至有不攻自破之妙，但是不容易做到。

当这些工作准备完毕后，就可以考虑进入攻击状态。

（1）选择合适的攻击季节。产品一般都有淡旺季之分，如果选择在淡季进攻，不仅有流通不畅的可能，而且对士气也有挫败。一般来说，淡季准备，旺季来临前的一个月左右开始攻击，效果会更好。

（2）针对对手弱点，制订作战计划并上传下达，做到上下同欲。明确攻击步骤的同时，确立作战原则，如是闪电战、消耗战、相持战，还是破城战。

（3）要及时掌握作战进度，初期重点是铺货率考核，并根据客户车辆人员资金来衡量经销商配送能力是否能支持，制订经销商配送区域与标准，“看锅下米”，及时选择分销布局，保证通路畅通的同时，保证终端服务顾客投诉的最小化！在掌握自己数据的同时，也要分析对手数据的变化，尽可能分析预判对手出招特点，及时封堵。

（4）合理运用自身资源，在有计划支出的同时，充分领会“田忌赛马”的精髓，扬长避短，进攻阶段要避免促销上的“水漫金山”、“平行推进”的落后打法，集中资源照准对手软肋下手，聚焦进攻，撕开市场的口子。

（5）攻击过程中的几个原则。

第一，有所为，有所不为。不是每个市场都能攻击的，比如当距离本土较远，运输半径过大，在企业没有能力设分厂的地方，即使对手存在漏洞，也要学会“放弃”，否则耗费巨大，即使拿下市场也会不攻自退！

第二，知己知彼。盲目进攻的最大后果是造成资源上的极大浪费，营销的目的就是将企业资源最大化，浪费则是对营销的亵渎！

第三，守正出奇。所谓正，对企业而言，就是资源掠夺和积累，也就是说任何“战争”都是有目的的，世上很少有“赔本赚吆喝”的事情。企业营销的目的是利润，阶段性的“赔本促销”，企业可以接受，但是一旦陷入长年累月的“促销泥潭”，市场就会不攻自破。所谓奇，就是企业为达到上述目的而采取的营销行为。营销的目的就是维持企业的生存发展。

第四，一鼓作气。面对竞争对手，一旦发起攻击，就必须“招招见血”，甚至要“绝杀”对手！尽量避免进攻中的“相持战”，否则，会出现“伤敌一千，自损八百”的消耗战。对于实力相当的竞品，在局部市场上的进攻目的就是要锁定“第一品牌”的位置，抢夺市场规则的制定权！

三、区域经理市场防守

任何战争中没有只攻不守的场面，营销也是如此。企业只有立足不败，才能想方设法地去“败”人，所以一个好的区域经理必须具备“防守反击”的能力。当局部市场受到竞品攻击时，区域经理必须运筹帷幄，“谈笑间，灰飞烟灭”。

（1）明确受攻市场的性质。如果是企业的基地市场，那么就必须从战术战略上高度重视，就像敌人已经踏入疆土，逼近首都，一场死战在所难免！

（2）尽量摸清来敌的意图与兵力配置及阵法。如果对手是个“大家伙”，那么就要搞清对手的品相结构、人员配备，甚至长官性格特征。如果对手是依靠经销商做通路战，那么就要在充分分析两方通路利润对比的同时，评估自己的通路稳固程度。如果对手是深度分销战术，那么就要关注以下三个方面：

第一，本市场的市场制高点的掌控程度。

第二，本区人员的执行力与竞品的兵力比较。

第三，对手业务人员的组成。

很多啤酒行业已经很熟练地运用“深度分销”、“通路精耕”手段。在这套系统中，企业分支机构是神经中枢，经销商仅仅是“送货员”或“搬运工”，因为一旦“神经系统”出问题，可能就会全军溃败。在破坏对手“神经系统”上有很多的文章可以去做，毕竟是在自己的家门口“保家卫国”。

（3）“正”守“奇”攻。在防守中，见招拆招是必备的功底。同时，必须具备一些“神机妙算”的本事，如充分利用基地市场的优势。当对手在淡季布局进攻时，本品适当后退，引诱对手短时间内出货布局，然后突然杀出，通路阻击，将竞品终端出货量压到最低，直至出现大面积过期、退货情况，关键是迫使竞品通路资金大面积被占用，利润受损，士气大挫，并以此引起对整个通路行业的震慑，长时间不敢接盘。

（4）准确阻击。在现实中，很多区域经理都体验过“狼来了”的故事，尤其是经销商的呼声最大。为了准确检测狼的踪迹，必须建立一套标准的预警系统，如定期检测竞品业务人员数量、网点数量、品相、生动化指标等数据。同时，准备一套成熟的市场应急预案，一旦预警系统报警，立即行动。阻击手段要讲究“短平快”，在最短时间内将竞品阻击在防线之外，至少要在“士气”上打倒对手。要尽快在短时间内解决战斗，集中优势兵力，歼灭对手。毕竟战火在自家大门上燃烧，受损最大的是自己。

（5）关注品牌老化，及时进行产品升级或增加品相补充产品线。让自己的品牌不断丰满的同时，不给对手留机会。

当明白区域经理就是带兵打仗的含义后，不仅区域经理会明白自己的工作职责，企业也会明白一个好的区域经理的标准，那就是不仅会打仗，还要会带兵。

思考：商海沉浮，曾经多少英雄人物竞折腰！但是“夭折”在何处？是军队不强，是装备不好，或是……

在竞争日益成熟的今天，孤胆英雄时代已经过去了。靠一两个金牌推销员支撑企业的历史越来越远了，企业营销系统的基本组成部分为“铁的纪律＋铁的军队”，至于品牌，无非是企业的“政治口号＋政治行为”（企业战略产品诉求及市场表现），确切地说就是民心向背！比如，一个连卫生指标都不能过关、缺斤少两的产品，即使有着世上最漂亮的广告，最先进的营销，都避免不了失败的命运！因为消费市场上的“民心”不支持！

第二节　区域经理怎样看市场

一、区域经理再审视

区域经理是什么？

（1）各个企业对于自己销售机构的定义不同，所以先搞明白对于区域经理的基本定义。

（2）有的区域经理上面是销售老总，下面是办事处主任，管理一个省或者几个省的业务。

（3）有的区域经理上面是省区老总，下面是办事处主任，管理一个地级市。

区域经理每天干什么？

出发，开会，跑市场，见客户……

很多区域经理像救火队长，哪里起火去哪里；也像社区大妈，婆婆妈妈地处理着各种琐事。客户搞不定了，市场有问题了，职能部门找麻烦了，等等，这些时候都有区域经理窜来窜去的影子

一个月 30 天，区域经理要出差 26 天以上。

各位对照一下，是不是这样？

区域经理凭什么吃饭？

一张嘴，一个胃，两条腿。

公司根据什么指标给区域经理发工资？

最简单的指标：一是销量（销售额，吨位件数），二是利润。

衡量单位：元，吨（件）。

对于很多企业而言，业绩就是免死牌。

区域经理带的是些什么人？

办事处经理（主任）、业代（业务经理）、经销商、分销商等。

很多企业在基地市场上派驻有团队作战的办事处，然后办事处主任领着一群业代跑客户，跑终端。

也有的办事处经理是光杆司令，实际就是一个背着包，每天围着客户转的大业代。

上述四种关于区域经理的描述，是不是符合各位的现状?

酒量=销量，胆量=产量，这种类型的区域经理，或许很厉害，但未必专业!

区域经理作为企业营销系统的中层，是管理链条上的腰部。腰部一旦不能发力，那么就有全身吃力甚至瘫痪的危险。如何让区域经理到市场上摆脱消防队的低效工作，避免蜻蜓点水，杜绝水上漂的毛病，而在管理上形成丝丝入扣的循环，要下一番功夫。

好了，进入正解，快消品行业的区域经理怎样看市场?

二、下市场前准备

（一）看表

（1）看销售数据报表，找出本月哪个区域、哪个客户、哪个业务的业绩数据异常，找出本月哪个品种在哪个区域有异常。

（2）看办事处经理近期工作日志，分析其工作要点和轨迹，看其出勤、定位规律，有无异常。

（3）列出行计划。去哪几个市场，用多长时间，主要解决什么问题。

（二）出行

关键词：悄悄进行。

如果被下属知道行踪，就有可能被安排进提前精心准备的“包围圈”，信息数据失真。

（1）早会前 5 分钟到达办事处门前。

（2）看办事处管理有无人迟到，是否按照标准管理办事处，包括会议流程、内容、办事处内务。

（3）人员是否有空岗等现象，制度是否上墙，业代管理是否得力等。

（4）查看业代考核指标。

（5）业代离开后，与办事处主任沟通。

沟通要点：销量数据，管理提示等。

（三）走访

（1）确定走访区域、线路、数量、时间，走访数据的记录及使用表单。

（2）确定是否要业代协防，确定协防对象及表单准备。

终端走访“八看”：

看铺货率。记录竞品的单店品种、库存、价格带。

看生动化。记录生动化要素，并使用生动化打分表单。

看货龄。看本品、竞品生产日期，是否先进先出，有无过期、即期不良品，库存是否合理，有无断货、爆仓。

看异常动态。本品有无假货、窜货，有无价格异常，促销政策是否执行到位，竞品有无动向等。

看拜访质量：有无漏店、跳访、假单、漏单等，有无客户抱怨（记录），终端老板（服务员）是否知晓本品政策（例如开盖费）。

看客情。终端是否知晓业代拜访周期、业代姓名，对业代有无抱怨、投诉。

看服务质量。终端是否知晓送货电话、送达时间、坎级等，是车销还是预售，促销品有无截留，价格是否到位，是否裸价等。

看客户终端影响力：终端是否知道客户姓名或者公司名。

总结关键词：记录。

提问：走访完毕做什么？

召开经销商会议，用EXCEL、PPT、照片等工具，客观分析销量数据、趋势，分析走访资料。

三、召开经销商会议

通过销量报表、市场走访，区域经理会很清楚地知道哪个客户、哪个单品的销售趋势，心中有数，胸有成竹。

假设在经销商会议上，有个经销商跟你提出问题“某个产品卖不动”，你怎样回答？

此时可以当场打开销量报表，一查这个客户本产品三个月不发货了。

问办事处经理：为什么三个月不发货？（实际是责问客户）

办事处经理答曰：卖不动！

立即打开这个客户区域的走访记录：本产品铺货率不足10%，断货5家，即期6家，3家要货一周没有送到……

当场责问办事处经理：本产品的上月铺货目标是多少？

办事处经理答曰：50%。

追问：没达标怎么办？

办事处经理：……

此时这个客户的脸会是什么颜色？

特别提示：处罚客户一定要提前做好准备，用数据说话，有理有据。

客户不怕厉害，怕专业，更怕碰上“专业+敬业”的角色。

处罚客户不是靠酒桌，不是靠牌桌，不是靠拍桌子！

四、制订改善排期

根据走访信息、销量信息，制订改善计划，并当场沟通确认。制订奖罚制度，要客户及办事处主任当场签字，并将改善计划转发给考核、检核部门及大区内勤，有专人追踪考核。

五、资源跟进，持续跟进

根据排期计划，提供相关资源支持，如促销支持等。

要求办事处经理日报重点指标达成情况。

到此，市场是不是就看完了？

区域经理看市场的内容就到这里了，不过，好像忘了一件很重要的事情。如果区域经理把这些事情做完，估计怎么也要到晚上 10 点。

别忘了跟客户、办事处人员一起吃个饭，这个时候的饭吃的会有滋有味。

第三节 区域经理如何面对最糟糕的市场

一、最糟糕的市场常常都面临哪些问题

最糟糕的市场常常都面临以下这些问题：

（1）前期市场遗留问题较多。

（2）产品在市场遭遇水土不服。

（3）市场混乱，基础薄弱。

（4）市场竞争激烈，使本品无立足之地。

（5）客户不配合或者问题较多。

（6）营销团队瘫痪。

如果以上问题有一项存在，你的市场将很糟糕；如果以上问题有多项存在或者全部存在，你的市场就非常糟糕。什么问题都可能存在，“摆正心态，积极面对，全面调研，寻求支援，对症下药”是我们面对

最糟糕市场唯一的法宝。

积极的心态是解决问题的根本。中国有句古话叫“功夫不负有心人”，只要我们敢于面对最糟糕的状况，就一定能够发现解决问题的办法。这时候，人的心态尤为重要。

调到一个糟糕的市场，是任何人都不乐意面对的，但如果你能够端正心态，积极面对，坏事也许会变为好事。面对最糟糕市场也许是你展示能力与发掘个人潜能的机会。所以面对最糟糕，营销人员应当具备以下两种心态：

（1）平常者的心态。不要给自己太多的压力，用平常人的心态去对待。

（2）积极的心态。主动出击，整合多方资源解决问题。

二、全面市场调研是解决问题的基础

每个问题的出现，都有其发生的根源，找出问题的根源，是解决问题的基础，做一份全面、细致的市场调研报告是面对最糟糕市场的首要行为。

一份全面、细致的市场调研应当从以下几个方面进行展开：

一、市场现状分析

（1）区域市场基础数据调研：包括行政区划、人口、消费水平、各项经济指标、市场终端客户数量，KA零售终端销售情况等。

（2）历史销售数据分析：包括历年同比销售增长分析、产品品项增长销售分析、渠道间销售数据分析、区域间销售数据分析等。

(3) 区域市场特点分析：包括区域市场的消费结构分析、购买习惯分析、购买能力分析等。

二、市场竞争格局分析

(1) 竞争状况分析：包括当前市场上本品、竞品所采取的市场运营战略、营销手段、竞争程度的分析等。

(2) 竞品状况分析：包括竞品在产品组合设计、价格定位、渠道策略、促销方式等各个方面的市场具体状况分析。

(3) 主要竞品分析：包括主要竞品的市场竞争优劣势分析，历年销售数据分析，具体的渠道介入状况、产品组合策略、价格策略、促销策略的分析等。

三、市场发展趋势与市场潜力分析

(1) 整体市场发展方向分析与预测：包括整体市场需求变化的分析与预测、消费习惯与购买习惯变化的分析与预测等。

(2) 主要细分市场发展趋势及预测：包括区域内各销售渠道的发展预测、消费结构的发展预测等。

(3) 本品市场发展预测探讨：包括产品组合的市场适应性、产品价格市场定位的合理性、渠道规划的合理性、促销策略的针对性等各个方面的预测与探讨，目的在于寻找市场问题产生的原因、挖掘市场发展潜力。

通过以上市场调研，我们已经可以对最糟糕市场形成的原因有了一个大致的了解，剩下的问题就是通过有效的手段与措施，从根本上解决最糟糕市场上所面临的具体市场问题。

寻求支援是解决问题的有效手段。市场之所以变得糟糕，必然有多方面的原因，仅靠个人努力很难在短时间内使市场有所起色，此时解决市场问题最有效的手段就是寻求多方市场支援，如前任区域经理、公司各个部门、客户、现在的同事（包括上级、平级以及下级）都将成为你寻求支援的对象。

前任区域经理可以帮助你有效分析市场问题形成的根源，并对市场问题的解决提出建设性意见；争取公司各个部门的有效配合可以使你获取更多的销售政策及权威影响支持，推动市场问题的快速解决；客户是推动市场问题解决的助力器。

记住市场并不是你一个人能改变的，面对最糟糕市场的人也不止你自己，与你的同事并肩作战，才是解决问题的根本。

市场之所以糟糕，必然有其产生的根源，发现问题、解决问题我们需要对症下药，采取针对性的市场运作措施。

三、对症下药，解决问题

（一）新任区域经理如何面对市场遗留问题

市场遗留问题的产生往往源于沟通不畅、空头承诺、人为拖延等几个方面，我们解决前期的市场遗留问题就要从问题罗列—根源追踪—多方努力—有效沟通—全力落实等几个方面进行解决。你对待遗留问题的态度将直接影响市场遗留问题的解决程度；你对待遗留问题的态度将比最终遗留问题的解决更重要。

面对市场遗留问题我们必须保持诚信、全力以赴的工作态度，争取将市场遗留问题的损害降到最低，同时在遗留问题处理的过程中体现我们解决市场问题的能力和态度，争取获得更多方面的关注与认可，为后期市场操作树立威望。

（二）新任区域经理如何面对产品遭遇的水土不服

（1）基于逆向思维：产品之所以滞销及水土不服往往有着其深层原因，这时我们需要从产品滞销与竞品畅销的结果进行逆向推理，寻找其产生的根本原因。

（2）基于市场调研基础上的产品细分策略：通过市场调研，开发、挖掘适销对路的产品组合或产品品项。

（3）基于市场特点的产品推广策略的实施：根据市场消费结构、消费者消费及购买习惯等进行产品推广渠道的划分与相应推广促销策略的具体实施。

（三）新任区域经理如何面对“市场混乱、基础薄弱”的区域市场

一个区域市场混乱往往是在价格与渠道管理上出现了问题；市场基础薄弱的原因多数是因为区域产品销量较差、形象不够好，缺乏必要的市场推动措施，品牌影响力差。

解决市场混乱与基础薄弱的现状就要从以上几个方面着手进行。进行良好的价格定位，规划良好的价格体系，并在产品管理上严格管控产品的渠道流向，细分产品渠道是解决市场混乱的有效方法。利用必要的

市场操作手段与措施，在区域内展开产品推广的营销造势，推动销量的最终提升，最终使产品的区域品牌影响力得到提升，那么，区域市场基础也就必然会得到有效的改善。

（四）新任区域经理如何面对“激烈的市场竞争阻止本品进入市场”的现状

（1）做好品牌定位与进攻计划。也就是说在产品进入市场以前，首先对产品自身的定位及即将展开的进攻策略进行规划，避免进攻的盲目性。

（2）实施蓝海战略，通过品牌定位的确立，寻找区域内的空白市场与战略空白点，避免竞争。

（3）进行市场细分，寻找市场突破点，展开集中攻势，实现点的突破，最终以点带面，实现全面反攻。

（五）新任区域经理如何面对客户“不配合”的消极状态

区域客户不配合往往是因为：

（1）品牌的经营盈利较低。

（2）市场有遗留问题。

（3）品牌影响力不够。

（4）经营品牌众多，对本品牌不够重视。

新任区域经理可以通过以下手段“玩转”区域客户：

（1）诚信，认真帮助客户解决市场问题。

（2）给客户以希望，即通过对一两个市场问题的处理或市场运作措施的开展使客户看到遗留问题解决的希望与产品盈利能力提高的可能。

（3）施压，给客户以压力，推动客户改变不配合的消极状态。

（4）冷处理，在一切运作手段都失效的情况下，不妨通过低调与时间拖延等方式使问题淡化，以不变应万变，变被动为主动。

（六）新任区域经理如何面对营销团队的瘫痪

新任区域经理面对营销团队的瘫痪，解聘与有效激励是实现当前团队改良的有效手段，而招聘新人补充团队血液、建立完善的团队培训与绩效考核体系则是实现团队持续提升的保证。

通过以上几个步骤的实施，新任区域经理已经能够得心应手地面对最糟糕市场，实施市场危机化解了。同时，我们也清楚地认识到，面对最糟糕市场，新任区域经理必须具备以下素质：

（1）在“压力”下工作的能力。

（2）让数据说话的能力。

（3）资源整合的能力。

（4）客户与市场问题的协调能力。

（5）必要的市场运作能力。

（6）快速打造营销团队的能力。

如果新任区域经理能够具备上述能力，那么面对最糟糕市场不仅可以得心应手，而且应该无所畏惧了。做一名合格的区域经理，做一名称职的营销人，你就必须面对最糟糕的市场，否则将失去存在的意义。为了迎接最糟糕市场的到来，现在就让我们从自身素质提高开始进行自我提升吧！

第四节　区域经理如何赢得销量

衡量一个市场好坏或者主管能力强弱的最基本指标就是销量，但是我们常说销量不是万能的，没有销量是万万不能的！

一、形形色色的销量

毒品销量：销量大，价格低。

废品销量：销量小，价格低。

次品销量：销量小，价格高。

极品销量：销量大，价格高。

比如，在很多厂家的基地市场上，产品销量大，但是利润贡献率不高，这就是毒品市场。这些市场的典型特征就是一只单品支撑半数以上销量，几年甚至十几年不变，不仅产品老化，渠道也在老化。产品老化的基本特征就是存在时间长，价格低、利润低。渠道老化的基本特征就是大客户座销、过分依赖分销，或者渠道过分扁平，客户众多且实力偏小。

废品市场大多是偏远新开市场，这些市场如果不能高举高打就不如不做。用低价产品供给远距离新开市场，不仅仅是劳师动众，更是废品一个，市场即使拿下，也最多收获一个毒品市场。

次品销量大多发生在边远地带，属于潜伏型市场。类似在敌占区潜伏，高举高打的目的是进行消费者培育和市场积累，盯紧对手的漏洞，并伺机寻找发动进攻的机会。在这些市场上要保持自上而下的布局态势，切勿走入薄利多销的误区，将市场的“势”积聚到一定程度，逐步下渗，做点、做线到做面。一旦竞品出现漏洞，往往能一击致命，转而形成基地市场，也就会成就极品销量。

极品销量的背后就是优秀的基地市场，基地市场就是企业的根据地，就是要给企业创造给养，就是要给企业输血。如果基地市场不能输血，只能吸血，这个企业的末日也就快到了。

二、销量怎么来

销量怎么来的？在很多培训课上，这个问题的答案五花八门，销量是卖出来的，是促销出来的，是品牌拉动起来的……

（一）销量在很多时候是很残酷的

对于基层业务人员来说，销量是“泡”出来的。脚上起泡，手上起泡，嘴上起泡之后，销量就一定会有的。

走街串巷逐门逐户拜访，功夫到了，脚上起泡。

到每个店里理货、做陈列，搬来搬去，手上会起泡。

向每个店主一遍又一遍地介绍产品、政策，嘴上会起泡。

对于市场主管而言，在销量有问题的时候，要率先去“泡”，然后带着业代、客户团队集体“起泡”。促销资源固然重要，但人是销量之本，过分依赖促销必然是饮鸩止渴。固本培元，只有人动起来，销量才是安全的。

（二）销量公式

销量公式之一：销量 = 网点数。

这是一个铺货率的公式，铺货网点越多，销量就越大，它们之间是正比关系。当销量有问题的时候，不妨自检：销量是否集中在老网点上、老网点是否有丢失、新网点开发进度是否不快？无限制、没有规划的铺货率也是很可怕的。在制订铺货目标网点的时候，一定要考虑本品的品牌支撑，把茅台铺到路边小店不仅不能产生销量，反而对品牌造成无尽的杀伤。合适的网点铺货率控制是对主管甚至一个企业营销功力的考验。

销量公式之二：销量 = 网点数 × 流转率

销量与网点数成正比的理论必须建立在流转的基础上，如果单店不能流转，铺货越多损失越大，因为即期品、过期品会越来越多，就如同只吃饭不消化一样！

那么，流转问题怎么解决？

拉动流转最好的办法是“空军支援”。广告宣传、买赠、降价、赠饮试吃等，都可以算作是常规手段。但是区域主管往往仅仅是步兵长官，空军资源不在自己手中，故而要考虑在没有空军的日子里，流转问题怎么解决。

面对这个问题，很多主管会哭天喊地发牢骚，哀叹企业的品牌力，哀叹企业的空战水平。但是却忘了一件事情，如果有足够的空战能力，步兵完全可以省略。

步兵解决流转的问题，是一个很苦很累的工程。如同死伤惨烈的巷战，挨家挨户推销，做生动化，压制竞品，做店老板工作，谈压货店、谈陈列店、谈专卖店、按照标准维护协议店等。

春种秋收是农民深知的自然规律，没有上午种下午就收的神话。种子播下去了（铺货）要有浇水、除草、施肥、捉虫、松土等一系列跟进动作，人勤地不懒就是这个道理。

销量公式之三：销量 = 网点数 × 流转率 × 品种数

网点数解决了，流转率没问题了，这个市场就趋于成熟了，基本没大问题，市场管理者就可以睡大觉。

但是往往事与愿违，要么被总部销量指标追的疲于奔命，要么因为竞品的追赶而如履薄冰。在这样的市场上，在网点数与流转率不能出问题的同时，品种数的增加就是攻防兼备的唯一选择。

就单店而言，一支单品无论从销量贡献上或是从防御上都是单薄无力的。在单品的基础上进行新品附加不仅能创造新的销量，更能有效形成对竞品的阻击压制。

新品增加的目的就是补位，对于品牌规划与支撑下的价格带进行修补，防止出现盲区与缝隙。

新品增加的原则是上行，低价杀敌更能伤己，损人不利己是营销战略上的大忌。所以新品增加的同时，要遵循价格上行路线规则，从终端价格、消费拉动到通路利润都要考虑在老品的基础上上一个台阶。

利用品种数的增加来拉动销量的动作大多会在成熟市场或半成熟市

场上应用。老品防御，新品进攻，形成雁阵型的产品线，这种市场一旦掌握好节奏，就往往会成为竞品的“绞肉机”。在这个阵势中，老品护盘，新品发起一波又一波的进攻，竞品往往是束手无措。

但是，一定要把握好节奏，更要把握好渠道及团队的管理。管理是守正，新品是出奇，守正才能出奇，否则奇久则妖，自乱阵脚。

三、销量监控

销量怎么看?

销量是个结果！只有销量实现的时候我们才能看到数字，故而我们认为销量是个结果指标。

在营销管理中如果仅仅停留在这个层面，往往就会陷入一种无奈。

区域主管销量信息自检：

（1）截至今天，本月总量，分区域、分品种、分客户的销量达成数据，与去年同期对比。

（2）截至今天，年度总量，分区域、分品种、分客户的销量达成数据，与去年对比。

（3）截至今天，本月当区总量，分区域、分品种、分客户的销量达成数据，这些数据与总部整体数据的进度对比。

明明白白做销量就会避免稀里糊涂吃败仗。市场的成败不在于输赢，而是能清楚地知道失败的原因。数据跟踪的过程是市场管理很重要的一部分，区域主管在获取这些数据后，一定要具备数据分析和感知能力，通过对数据的分析预判市场上的各种变化。

四、销量陷阱

销量是个宝，老板最喜欢创造极品销量的主管，因而销量在考核中占了比较大的比重。

销量透支是一个很危险的游戏，过分追求销量就是杀鸡取卵。为了销量（卵），导致市场（鸡）衰竭。

我们不妨看一下市场主管为了达成销量而惯用的一些潜规则：

压客户。也就是寅吃卯粮。明压：临近月底，眼看销量不达标，给予客户政策诱惑多打款不发货，甚至只开单不拉货。暗压：利用客情等江湖手法求客户拉一把等。

压终端。以狼来了（竞品）为理由申请促销，将货大规模压到终端。

窜货。

……

如何避免销量陷阱？

（1）对于形形色色的销量要有清晰的认知。

（2）监控网点数量增减及竞品变化，关注网点管理质量，掌握品种数的丰富与更替。

（3）建立销量追踪预警系统，提前发现并及时处理。

（4）市场分类管理，不同市场的考核侧重点不同。

（5）区分过程指标与结果指标，考核追踪到位，切忌过分追逐单一指标及考核上的一刀切。

销量陷阱的形成大多是重结果轻过程、重销售轻市场的懒人管理造成的。过分透支销量的结局就是在管理上越走越累，应该坚信过程好结果就好的原则，做好市场层面的一点一滴，练好营销的“童子功”，从扎马步打基础开始，忘掉销量做市场，销量陷阱自然就不复存在。

第五节　区域经理的头疼事

一、产品不动销

“产品卖不动，消费者不认可。”

“市场有问题，销量下滑，找不到原因，郁闷啊！”

“在某个市场干了 N 年了，业绩就是不增长，再没起色就要被撤了，怎么办……”

自检工具之一：

（1）新品铺市多少家网点？计划铺市多少家？完成多少家？

（2）总铺货件数多少？目前终端总库存数多少？

（3）截至今天补货几家？其他开始走量的终端有几家？有多少家一件没动？

自检工具之二：

（1）在哪个渠道卖不动？

（2）能否把所有渠道打开，看一下各个渠道的销售情况，比如餐饮店、便利店、大商超、名烟名酒店、夜店和大排档。

自检工具之三：

（1）现有产品的终端状态。

（2）终端生动化作业是否按照标准执行，如POP、价格贴等。

（3）是否制订了新品生动化作业标准？本品在终端的位置是否是第一陈列位？有没有被竞品压制或者覆盖？

自检工具之四：

（1）是否制订了新品铺货话术并实施到位？

（2）业代、经销商拜访是否到位、有效？是否达到客情标准？

（3）终端关键人物是否清楚本品价格及政策？

自检工具之五：

（1）是否拿下当区龙头店、制高点？

（2）形象街是否达标？

（3）优势区域是否形成？

（4）是否有专人负责与消费领袖人物沟通？

（5）样板社区路演、展卖动作是否有标准流程及实施动作？

……

【总结】

（1）如果这些工具没有用或用不全，产品卖不动是正常的！

（2）如果这些工具用到极致了，产品卖不动，那一定不正常！

二、两支队伍，难管

“客户实力小不求上进、砸价窜货怎么办？大客户占山为王、截留费用怎么办？”

“团队不好管啊！现在90后的孩子吃不了苦，哄着干活都不行，郁闷啊！”

“现在的终端老板（老板娘）都是‘大胃王’啊，狮子大开口，政策都要到天上去啦，稍不满意就给脸子，不卖啊！”

管理工具之一：扎硬营，霹雳手段。

区域主管手中的两队人马包括直属部队（隶属企业办事处（工作站）的业代、促销等人员）和地方部队（经销商及下属、二批等），管理方法有：

（1）办事处管理标准、内务制度、早会流程、每日检核、业绩点评、指标追踪、业代协防。

（2）经销商、二批商配送服务管理制度（含区域、价格、串货、砸价管理）、网点分配的唯一配送制度、经销商送货人员考核提成管理流程、业代拜访及配送定格管理制度。

金刚怒目，所以降伏四魔；菩萨低眉，所以慈悲六道！

所谓霹雳手段，就是对于违规、不利于市场的行为予以“霹雳、怒目”。金刚护法，所以强将素以“狠角色”为主，无私无畏，阳光是避邪的最大法器。

管理工具之二：打死仗，菩萨心肠。

例如，90后业代大多是刚刚步入社会的新兵，既无社会经验又无生活自理能力。此时主管仅用霹雳掌，一下就能把他打趴下。

菩萨心肠大慈大悲留人稳军心，霹雳手段横眉怒目炼人学技能，这就是一个能带兵打仗的合格主管的基本心法！

管理工具之三：心无旁骛。

能让下属追随的无外乎一则“义”，一则“利”！义字的理解就是两个叉一颗心，从不同的方向来，奔同一个方向去，同道中人也！

区域主管在“利”的资源分配上话语权并不强，无法给予下属高官厚禄，但是不患寡就患不均，考核方式透明、奖罚分明是根本，如月初的考核指标面谈，考核指标达成看板，排名追踪，弱势业代的跟进辅导资源支持等。

何为同道？

成人达己，能把职业当兴趣的人则为同道！心无旁骛的根本就是校正职业和兴趣的角度，兴趣与职业两条线形成的角度越大，一起打仗的可能越小。

区域主管作为企业战斗团队的最基本战斗单元，如同军队的连排班基本执行层，管理能否扎实就从单兵训练、从班组建设开始。基层能否“扎硬营打死仗心无旁骛”，企业决策层能否“守正出奇”，是企业万古长青的根本所在！

【总结】

扎硬营，打死仗，心无旁骛！

三、考核害死人

什么是结果指标，在很多培训会上答案各异。

从企业整体角度而言，结果指标与过程指标的拿捏甚为关键。宏观做局找方向，微观运营抓执行，基层作战单元承载的过程指标比例远远大于高层。这就如同金字塔结构，塔尖部分是结果，塔基就是过程指标与管理组成。企业战略目标形成结果指标，然后分解到各级战斗单元，用过程指标来支撑。

企业在拿捏的过程中往往走入误区，要么全员抓结果，忽视过程，造成初期风生水起、花团锦簇，后期满目疮痍惨不忍睹；要么全员抓过程，忽视结果，造成眉毛胡子一把抓，事无巨细，分工不明，效率低下。如同养鸡，重视产蛋率忽视养鸡，结果鸡累死了，蛋也没有了；重视养鸡忽视产蛋率，鸡肥了，产蛋率却没有了！

由于销量主导着考核，因此主管在销量指挥棒的驱赶下，直奔结果（结果指标包括销量和利润）而去，更容易忽视过程管理（过程指标包括铺货率指标、生动化指标、终端维护指标、客户开发指标等）。于是，在销量这个障眼宝物的掩盖下，不自觉地形成了花团锦簇、歌舞升平的局面。

销量考核不是万能的，在很多时候，过分的销量考核破坏性威力巨大。

营销人员最喜欢的就是短平快，喜欢做与销量有着最直接关系的动作，比如促销、买赠、压货等。喜欢拾鸡蛋，却无人能忍受养鸡这个漫长艰苦的过程，结果一定是可怕的。

过程考核的死穴就在于考核基层业代的销量。一旦终端业代的工资与销量过度挂钩，终端管理的质量就会下滑不止，这就是困扰很多企业的根源所在。

【总结】

过程做得好，结果自然好！

第二章　向啤酒行业学营销

第一节　懂了啤酒营销，就懂了快消品营销

一、从营销的角度看啤酒

如果从专业的角度看啤酒，着眼点必然只是原料和酒体。但是从营销的角度去看啤酒，很多东西耐人寻味。

在所有的快消品行业中，啤酒行业是很有特点的，是介于饮料和白酒之间的一个行业。

总结啤酒的特殊性，归纳如下：

（1）产品特点。

第一，啤酒具有强大的消费共性。与白酒、葡萄酒相比较，啤酒的消费广度是最宽泛的。在所有的酒类产品中，啤酒的消费量是最大的，国内人均消费接近30升。消费范畴已经不再受性别、年龄的局限，是一种普及率较高的消费品。

第二，由于经济的飞速发展，啤酒已经不再作为一种“奢侈品”，限制啤酒消费量的“经济”问题已经不明显。

第三，淡旺季差别在逐步缩小。

（2）物流特点。

啤酒是典型的“笨重”物资，物流成本占据整个销售成本的1/5。主要物流环节在于：从企业到经销商之间的运输成本和从经销商到终端

的零担配送成本。在物流成本中，啤酒不同于其他行业的地方在于：啤酒行业的运输是双向成本，即啤酒运输和酒瓶回收。这种特殊的物流特点决定了啤酒在销售中的人力成本要比饮料、白酒等行业大得多。

故此，很多企业在尝试低成本的物流体系。如青岛啤酒麾下的崂山啤酒，在2002年开始大规模上市的时候，局部市场采用的方式就是不回瓶，依靠自然回瓶的方式解决了经销商繁重的配送环节。经销商配送时只要卸完酒、点好钱就可以，不用去装瓶子、数瓶子。不回瓶也省去了所有通路繁杂的劳作，尤其是在如火的夏天。

（3）渠道特点。

啤酒的消费渠道也不同于其他行业，主要消费场所为酒店、微超、夜场等，购买上以就近便利为主。啤酒作为笨重、低价值产品，与白酒不同的是，很少有“礼品”的功能，家庭消费的比例在中高端市场上不占主流（农村除外）。

综合啤酒消费终端，可以分为即饮终端和非即饮终端！

在传统渠道中，企业大多采用“一批商+二批商+终端”的三级渠道模式，这种模式的最大特点粗放经营、费用大、反应迟钝。

从目前的发展来看，缩短通路层级，小区域经营，直供终端已经成为主流！

（4）营销特点。

由于啤酒的特点是介于白酒、饮料之间，故在营销上也介于这两者之间。由于饮料行业普及精耕细作，而白酒行业主流依然是通路作战，所以啤酒行业的营销几乎就是二者的混血产物。

在产品价格线上，啤酒不同于白酒的地方在于产品价格线很短，在消费价格认知上有主流从众的特点。以酒店为例，北方市场集中在3～5元，而10元以上的比例仅仅占整个消费比例的1/100（夜场除外）。

在口味选择上，啤酒的口味变化上并没有形成固定的风味特点，没有白酒的窖香、浓香等区别。但是啤酒口味的地域特征和流行特点明显，如很多地方流行10度甚至11度，而在南方市场流行6～7度的低度淡爽。

二、从啤酒的角度看营销

因为混血的缘故，所以啤酒行业的营销是复杂的。以至于有人发出如此的感慨“做过啤酒，再做其他行业就没有意思了”！在快消品行业中，饮料行业以可口可乐的101系统、娃哈哈的渠道联盟及当前火爆的王老吉的“通路精耕”等为代表，几乎演绎着整个快消品的最高武功。在饮料行业，整个行业的“武功招数”差距不大，唯一差距是流派的不同。但是在啤酒行业，武功招数的差距就很大了，并且都没有形成自己的流派。

（1）经销商。

经销商对企业而言，是个爱恨交加的角色。客大欺店的呼声此起彼伏！

做过啤酒行业的经销商会有很多感触：出大力气了却不能赚大钱！笨重的啤酒经常让经销商们伤痕累累——爆瓶、玻璃割伤等时有发生。天越热，劳动量越大，装卸、运输、装瓶……经销商在逐步失去话语权而沦为苦力的今天，是否就可以忽视，甚至忽略经销商呢？

经销商是企业的员工，经销商的员工更是企业的员工！企业的营销意志贯彻，不应仅仅是在企业的“嫡系部队”中，在经销商这个雇佣军层面上更应该下功夫，包括经销商培训、经销商考核、经销商内部管理提升等。

如一个啤酒经销商的手下有 3 个业务人员，每人 800 元基本工资，按销售额的 0.3% 提成。如此，就出现了经销商人员只卖老品、低价格产品等“恶习”，造成企业的新品或高档酒推进不力！

为了解决这个问题，企业在推新品、设计渠道利润的同时，预留了部分经销商人员奖励，按品种予以单件提成。经销商人员在配合新品铺货的时候，一天能提成上百元，当日奖励。新品铺货立竿见影！

在常规营销管理中，厂家给终端的促销可以大开大阖，但是，往往忽视对经销商人员的激励。而对经销商人员的激励，仅仅需要很小的刺激就能达到效果！建立广泛的“统一战线”，“团结一切可以团结的人”，是上策！

（2）消费者。

消费的选择权往往不在于自己。由于专卖、包量等促销方式的存在，一个酒店只卖一种啤酒的现象比比皆是！

不知道最好喝的啤酒是什么味道。啤酒好像是魔水，但并没有形成固定的口味特点，消费感觉与环境密切相关。比如，在什么场所下喝啤酒，关键是什么气温喝什么温度的啤酒。

中低端市场上，啤酒消费上的品牌依赖并不强烈。决定因素在于地产情节和从众心理，后者主要决定因素在于铺货面的大小，即可口可乐的营销九字真言“看得到，买得到，想得到”！

（3）销量与利润。

1万吨啤酒是什么概念呢？半个县级市的销量！

啤酒消费的强势增长，使消费的普及率在逐步扩大。一个产量十几万吨的企业，仅仅需要一个地级市场就足够，就此而言：

第一，啤酒的远程打击能力不足。在饮料行业，可乐的营销范围是根据灌装厂来确定的。未来啤酒的营销模式就是向产销分离阶段过渡，啤酒生产系统将会作为独立的社会分工出现！

第二，覆盖率越高的市场，赢利能力越大，反之，则弱！强势基地市场的打造是保障企业造血能力的最好保障。利用收购或建造分厂，实现“碉堡”式市场推进是未来主流，小企业的游击战打法将逐步退出历史舞台！

第二节　与一线品牌之间的攻防策略

在财力、品牌、管理等不如人的情况下，“压倒性条件下取得压倒性胜利”，永远只能是二线、三线品牌的痴心梦想。

面对全国性大品牌的进攻，任何新奇的促销几乎都要失灵，防守上顾此失彼，漏洞百出，怎么办？几乎所有的二线、三线企业都被这个问题困扰。事实上，二线、三线品牌的市场不大，但是病态市场和病态做法却不少。

与强势品牌比较，弱势企业的品牌力不足是不争的现实。但是，品牌仅仅是“势”，“势”要转化成“能”，必须依托渠道和营销体系作

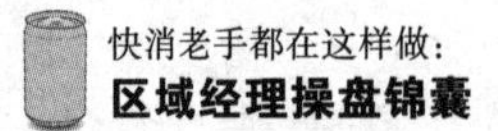

为转换平台，而这个平台就是企业的精细化管理的“内功”。

如果没有内功，任何新奇的促销方式都只能是花拳绣腿式的“招数”。过分强调“招数”难度，不仅会闪了自己的腰，还可能会自绊跟头！

弱势品牌靠渠道吃饭，加强内功，一隅诸侯也可能抵全国霸头！

一、寻找厂商合作的“度”

今天，我们处处可以听到渠道革命、终端制胜的论调。很多企业，尤其是二线、三线企业在轰轰烈烈进行着“砍二批商、直面终端”等运动，那么渠道真的变了吗？

啤酒、鲜奶等饮料行业，具有物流分散、低毛利等特点，制约了企业全面直供的可能，而物流配送，连接消费是渠道的本质作用。在这种本质不变的前提下，渠道，能变吗？

如果说在今天，讲出渠道没变的观点，可能话没说完，立刻就会被口水淹没！

但渠道真的没变！一批商依然是一批商，二批商依然是二批商，送货收款，日复一日，年复一年。从当初的代理商到今天的配送商，从配送商又到运营商，厂家的业务人员从少到多，从多又到少，各种版本的营销模式在风云变幻，目的都是在寻找一个答案：厂商分工，寻找传说中的步调！

深度分销、通路精耕、盘中盘、直分销……到底哪个是当前最高水平的武功秘籍呢？

N 年前，企业控制的重心在生产仓库，卖方市场决定了生产第一的原则。后来，企业的控制重心开始以“渠道为王”（管理成百上千个点）。当渠道出现“客大欺店”之后，企业控制重心开始向“终端制胜”过渡（管理上万个点）!

在这期间，企业的控制能力在逐步扩大，但是，渠道的物流配送本质始终没有变，兵权（促销支配及市场控制权）却在潜移默化中逐步减小。

随着企业控制范围的逐步深入，以深度分销为基础的营销模式在被企业熟练应用的同时，也在影响着一批又一批的经销商。一些企业开始将市场管理的功能逐步按照企业意志还原给经销商，由企业和经销商共同建设业务员队伍，由厂家帮助管理。

比如雪花啤酒的协作型专营分销模式，这个模式是在深度分销的基础上，企业和经销商一起建立一支销售队伍、一起管理、一体化经营。双方按照企业设计的方式去管理终端，厂商之间形成战略合作的伙伴关系，进一步增强营销渠道的稳固性。由于厂商关系更加紧密，进一步提高了忠诚度和信任度，企业对渠道的控制力显著增强。

青岛啤酒在南方江浙地区广泛实行的“大客户”运营模式，也与协作型专营分销模式类似。

不论怎样，啤酒市场上的竞争因为最佳配送半径的限制，造成啤酒的地产情节依然明显，很多市场竞争呈现犬牙交错的特点。品牌虽然是公认的第一利器，但是没有灌装分厂作为攻击平台，任何品牌都很难劳师逸远地狂奔突袭。

因此，品牌点击的威力往往很难理想化地发挥作用，相反，会因为受制于渠道，造成“飞龙在天”无法落地，“强龙不压地头蛇”的景象比比皆是。

所以，在二线、三线品牌的存活期之内，渠道依然是其赖以生存的基础！只有避实击虚借助渠道，用渠道换取品牌建立的时间，甚至是被收购的谈判砝码。

所以，不论大品牌怎么折腾，作为二线、三线品牌都不要轻易砍掉你的网络。

二、渠道组合可以多选

企业对渠道的覆盖是以组合为主，任何一种渠道模式或管理模式都不可能上下通吃、百病皆治。中国独特的城乡分布格局，决定了企业必须拥有复合多变的渠道模式，而适合的就是最优秀的。

如今，很多企业在致力于打造有效的渠道模式，不同企业的着眼点不同。比如，青岛啤酒的微观管理系统重点关注的是控制终端，期间强调单元格划分、小区域配送等，这决定了青岛啤酒细化管理的特点。虽然青岛啤酒在配送上强调唯一配送、不间断配送和优质配送，但是，过分细化或限制经销商，造成窜货砸价等肆意盛行。尤其是在成熟市场，时间长了，在青岛啤酒单品作战的背景下，渠道成员利润得不到有效保障，通路怨气会日益积累。

反观雪花啤酒，在其完美的分销模式八爪鱼系统理念的指导下，强调渠道作用的同时，根据市场特点，灵活应用 5 ~6 种分销模式：

（1）传统分销：以非成熟市场为主，低费用推进，自然销售。

（2）深度分销：强调厂家意志的同时，管理和服务前移，在渠道结构变化不大的前提下，精耕细作，提高市场管理效率。

（3）专营分销。与娃哈哈的联销体及宝洁的渠道管理模式类似，厂家提供完整的管理模板，与经销商共同组建业务队伍，实现专营。

（4）直供：主要适用于大卖场、机场、火车站等。

（5）乡镇分销。

比较二者的特点，青岛啤酒强调在自身强大的品牌拉力前提下，体现自身强大的终端控制能力，弱化渠道的迹象是个不争的事实。而雪花啤酒则是在充分利用渠道的作用，同时给予渠道以完善的运营模式指导和管控，强调管理而非弱化。

渠道，没有优劣之分！正如招数相同，不同的人施展会有不同的效果，原因在于内功不同。

三、二线与三线品牌的病态做法和对策

二线、三线品牌的市场不大，但是病态市场和病态做法却不少。

（1）保守市场：只做分销，忽视直供。

如果在居住集中的城区成熟市场上，分销比例过大（比如超过80%），无疑就是一个坐在火药桶上的市场。因为，一旦竞品针对本方分销渠道发起进攻，将会出现整片市场的连锁反应，甚至会出现通路不畅，导致“心肌梗死”！

（2）激进市场：只做直供，忽视分销。

直供的特点是价盘稳固、秩序井然，但是在一个局部市场上要全部

直供将会是“只啃骨头，不吃肉”，累死累活又很难做大！

直供是“骨头”，那么分销就是“肉”，只有骨头的市场吃不饱，而只有肉的市场未必能“站”起来（受制于分销），骨肉结合才会是一个活生生的市场！

（3）面临巨头的进攻，第一反应是自乱阵脚。

具备成熟深度分销系统应用、拥有完善线路管理的大企业，在终端投入上往往占据明显的优势，不是因为在整体费用投入上大于对手，而是在于精确的渠道规划和准确的渠道“点杀”。

所谓渠道“点杀”，就是在进攻中根据终端影响力，对终端分级管理，并对单店进行个性化投入，在迅速提高品牌影响力的同时，带动其他渠道低费用跟进，始终将对手压制在“低洼地带”无法抬头。

很多企业在面对这个“被点杀”问题的时候，往往会演绎现代版的“狼来了”。在山东啤酒行业，很多啤酒企业对青岛啤酒的专卖封杀政策头疼。营销老总经常接到业务人员或经销商的告急电话：“坏了，坏了，青岛啤酒在酒店里面每月赠送×件专卖酒。”营销老总一听，第一反应是不能丢市场啊，一声令下：“他送50件，我们送100件！”于是，稀里糊涂，重磅出击，全线防守。由于没有精确的线路拜访系统支持，一阵乱枪，不但浪费了大量“弹药”，而且破坏了自身的价格秩序，造成“免疫系统”紊乱！

（4）第二反应是不作为式地一味防守。

不是不想进攻，而是渴望着在万事俱备的情况下全渠道进攻，目的是要反戈一击、打翻身仗。

但是，要等到万事俱备，必然会贻误战机；要展开全渠道进攻，必然会遭遇全渠道的防守，而且进攻力度越大，反击阻力越大！

在财力、品牌、管理等都不如人的情况下，“压倒性条件下取得压倒性胜利”，永远只能是二线、三线品牌的痴心梦想。

对策一：分渠道进攻。

在线路管理的支持下，分渠道进攻的优势在于：

（1）**化有形为无形**。在一个市场上全渠道进攻，长期打不开局面，那么可以选择在单一渠道上进攻！在这个渠道寻求突破后，带动或继续寻找下一个单一渠道。

比如，在一个市场上，当所有渠道都打不开的时候，某区域主管把目光瞄准了城区100多个报亭。在淡季这些渠道是不卖啤酒的，随着旺季来临，该主管集中所有线路兵力，集中拜访这些终端，使单一渠道铺货比例达到90%，随即跟进POP、陈列等动作。在采用买啤酒送报纸的现场促销，吸引消费者注意，造成整个城区遍地是本品的同时，带动其他渠道跟进。

（2）**突破，就是集全力于一点**！这样进攻的隐蔽性强，防守的难度加大，竞品不知道对手会从哪个方向杀出，很难阻击。

在分渠道运作中，需要虚实结合的进攻组合。在不断牵制敌人成功后，根据市场节奏，要不惜一切代价拿下市场制高点。

以啤酒为例，分渠道运作的特点和市场制高点的选择方向如下：

（1）**火爆店。**

特点：每个城市都有一些生意挤破门的店，扎堆现象，从众现象，一好百好，酒水消费选择上的被动性较高！销量启动较快，小盘效应明显，带动效果快，是聚焦切入进攻的最佳选择。

弊端：门槛高，进入困难，单店的费用投入有时候是严重亏本。

注意点：产品推进后，要注意产品的多点陈列，在尽量接触消费者的同时，压制竞品的终端表现！条件合适则派驻店促销员。

原则：一鼓作气，拿不下来不罢休！

（2）夜市烧烤街。

特点：有些市场（县城市场比较明显）夏季销量最大的店未必是酒店，每天百件啤酒的销售纪录往往是夜市创造的。当天送当天卖，消费阶层不分档次，开小车吃烧烤很正常。

弊端：必须有专业的分销商支持，否则很难直接攻击，尽量不要用新客户供货，因为分销商必须有在晚上送货的保障。

注意点：烧烤街消费集中，地点空旷，POP 陈列等跟进容易，现场促销效果最明显，路演效果好，老板生意繁忙，有时会焦头烂额。最担心的是新产品推介不如老品顺畅！

原则：服务最重要，可以派驻“送酒工”，用促销员（学生勤工俭学）。

（3）美食街。

特点：消费集中，好吃第一，好喝其次，消费者的选择权不大，突破一点，带动整条街，容易形成局部连片。

注意点：美食街终端集中，消息灵通，是局部市场消费的风向标。门槛高，但容易打造产品形象，出现顾客投诉时要及时处理，否则会出现连锁反应。

原则：一点带全局，突破一个店就有可能突破整条街。

（4）批发街。

特点：酒水批发市场日益衰落，但是仍然是行业的龙头市场，批发街的接货面积与数量，与该产品的销量成正比。

弊端：砸价竞争现象明显，不按规定出货，扰乱市场。

注意点：做批发街的目的未必是走量，而是做“势”，集中在批发街做店招、陈列、码垛等，可以汇聚整个市场的“商情”，从而提高产品的市场话语权！

原则：掌握启动时机，最好是在春季启动市场，销量不重要，尽量稳住价盘！

（5）卖场、超市（KA）。

特点：人气是KA大卖场的最大资源，价格公信力是全部市场的标杆，销量未必少，效益也未必高。KA大卖场投入的目的是带动消费、树立价格标杆。

弊端：专业性很强，没有专业的队伍谈判，维护的难度很大，容易虎头蛇尾。

注意点：产品进入KA大卖场，是攻守兼备的动作。攻对手，就是贴近竞品、压缩对手陈列面；守，就是带动造势。

原则：专业第一，销量第二，产品在KA大卖场的形象就是企业的形象。

在此，需要强调的是：

（1）渠道带动的效果与品牌和产品适销有着极大的关系，否则会出现流转不畅的现象，挫伤终端经营信心。

（2）市场机会是永远存在的，在市场发展日益成熟的今天，渠道细分程度越来越高，没有哪个品牌会在全部渠道上垄断，铜墙铁壁的市场是不存在的。

(3) 分渠道运作必须建立在精耕细作的基础之上。分渠道运作的目的是取得在多种渠道的综合优势，啤酒市场依然是靠销量和高覆盖率来支撑利润，只有多渠道的高覆盖率，才能弥补重点渠道上的高投入成本。在促销设计上，要注意区分重点与非重点渠道，讲究单店个性化投入，二八布局。

对策二：渠道壁垒，想喝，没人卖！

啤酒的即饮特点明显，餐饮等经营者利益导向明显，而任何啤酒失去分销物流平台都不可能实现有效覆盖，即使存在强大的品牌点击机会，也会因为分销网络的丢失而被拒终端之门外！

在一个局部市场上，分销商数量是基本固定的，在竞争中，有着此消彼长的特点。比如，在一个局部市场上，竞品拥有 100 个分销商，如果能够策反对手 80 个分销商到自己的队伍中，对手的网点就会急剧丢失。纵使对手通过加人加车增加配送能力，也无法迅速弥补终端客情的空白。而一旦竞品改分销为直供，将会陷入市场战争中，因为被策反的分销商为了维护自己的利益，会用自己特有的方式去阻击对手。

同时分销商在长期经营中，与终端形成了相对固定的客情关系，而这种错综复杂的客情关系，正是保证一个品牌能否落地的基础。因此，拿下一个竞品的分销商，同时会带来多家终端的销量！

第三节 破解酒水行业终端 “促销陷阱”

思考:

(1) 渠道,作为快消品企业的立身之本,可以改造,可以升级,可以扁平,可以弱化,但是,可以“妖魔化”吗?

(2) 当所有的企业都在将终端拼抢奉为“宗旨”的时候,当越来越多的企业“精耕细作”的时候,当众多的矛头针对经销商的时候,回首之间,忽然发现:一些看上去很美的概念背后,竟然充满着无数的血泪与辛酸——精耕了,却不能细作!丰产了,却不能丰收!出“利”了,却不能讨好!

(3) 窘境,是怎么造成的呢?陷阱,能够跳出来吗?

一、透视篇

近几年,随着竞争的逐步加剧,终端抢夺在酒水行业日渐流行,包括流行于整个行业的“盘中盘”、“直分销”等营销理论,主要手法为:

(1) 实现“促销分离”,企业越过经销商直面终端,根据“二八原则”,将当区“有影响力”的终端(酒店)进行“促销锁定”,让经销商负责配送回款。

(2) 利用酒店对消费市场的影响,带动其他渠道。

于是，在这样的思路下，在各地的终端市场上，一群又一群终端访销人员在穿梭忙碌。一些针对终端酒店的促销手段陆续出现（终端进场费等除外，以下统称专场费）。

（1）专卖店。条件：终端在一段时间内专卖本品。

（2）协议店。条件：终端在一段时间内销售本品达到一定数量。

（3）专促店。条件：终端可以销售其他竞品，但是只能由本品在店内做促销或做生动化陈列。

只要终端达到上述条件，企业就给予一定奖励。奖励方式有很多种形式，如每月赠送一定数量的酒，协议到期后返还一定数额的现金或等值的酒。

其他促销手段也层出不穷。

但是，更让企业伤透脑筋的事情还在后面。在一家酒水企业中，企业方为此大倒苦水。

苦恼一：费用高昂，管理困难，企业骑虎难下。

（1）企业专场费用一年比一年多，由于协议是一年一签，去年在一些酒店7~8万元就可以搞定，今年没有10万元免谈，否则酒店就与竞品签协议。

（2）专场不专卖，企业敢怒不敢言。因为酒店有足够的理由解释店内竞品的“合法性”，如顾客聚会、婚宴等自带酒水。

（3）投入与产出比例严重失衡。不签专卖就不卖酒，是个酒店就要签专卖，不签就会得罪人。企业签的目的是“锁住”市场上的那些“好店”，结果，普及面越来越广，甚至连鸡毛店都要签专卖。

苦恼二：漏洞百出，费用失控。

（1）只种不收。业务人员“签店”成了日常工作，而签下店后就交给经销商配送，甚至会出现业务人员只有在每年签店的时候到店里去一趟，其他时间不见人影，以至出现中途酒店换人或换卖竞品，合同照样执行。结果就出现了某个酒店签了一年十几万元专卖费，结果合同到期后卖了不足100件货，销售额不足一万元。

（2）一店多签或签假店。由于签店是厂家行为，与经销商的关系不大，所以经销商利用厂家“只签不维护”，甚至不知道所签的店在哪里的弱点，一个酒店签多份合同，或签假合同，套取厂家促销。业务人员即使知道，也仅仅是睁一只眼，闭一只眼。

苦恼三：销量混乱，促销难算。

由于企业签店中有“累计签量”、有“专卖”，所以同一个品相有签量的，有签专卖的，有走流通小店的，结果在与客户的促销结算上会成“一锅粥”，只能“眉毛胡子一把抓”，重复促销。企业发现这个问题后，采用专卖一个品相，签量一个品相，流通小店一个品相，结果不仅造成品牌上的混乱，而且导致消费者在酒店里买的产品在流通渠道中无法买到，让企业尴尬不已。

苦恼四：合情不合法，出“利”不讨好。

最近，国家有关部门叫停“专卖”促销，并列入“商业贿赂”进行查处。企业只能硬着头皮铤而走险，在合同上做文字游戏的同时，尽量不给酒店留原件，因为中间即使出了纠纷，企业也不敢走司法程序。

到此，专场促销就成了个烫手的山芋，一些企业如芒在背、势同骑虎。那么，终端专场促销真的走入死胡同了吗？

在回答这个问题前，先探讨造成这些苦恼的原因是什么。

（1）功能不全，东施效颦。

无论盘中盘，还是直分销，都要求企业越过经销商，进一步接近市场，要求企业舍弃单纯依赖通路作战的粗放式打法，精耕细作，细化市场。企业要达到这个目的，单纯从战略上重视或技巧上模仿都无法解决问题，因为结构决定功能。企业在没有导入深度分销系统之前，执意去"精耕"市场，虽然看上去很美，结果却是只耕作不收获，市场维护能力不足，"精耕"却不能"细作"，往往是陪了"促销"折了"兵"，甚至会洋相百出！

（2）欲望无限，危险无限。

精耕细作，直面终端，这些字眼在营销界已经是很中国化了。但是，是否每个企业都能够去尝试呢？

适合精耕细作的企业必须具备如下条件：

第一，具有成熟的企业管理功底，有较强的执行力做保障，企业已经越过"产品制造阶段"。

第二，企业具有一定的品牌实力，在渠道改造中具有较强的话语权。

如果企业不具备这两个条件，强行去精耕市场，不仅无法越过驻外人员管理（包括庞大的人员费用及人员招聘）的关口，就连经销商改造也将是很大的问题。企业希望更深地参与市场，往往与通路成员产生矛盾，由于在品牌上的弱势导致话语权不够，就会陷入进退维谷的被动局面。一旦掌握不好，企业在深入终端之后，就会面临着竞品挤兑与经销商低配合度的两面夹攻，风险就此产生。这样的企业最大的特征就是靠“促销”维持市场运转，市场拉力不足，在市场上只能“低着腰”做市场，很难扬眉吐气。

专卖包量，水火不容。不是每个招数都能对付敌人的，有些招数使用不当，可能会造成自伤！专卖政策是不计算销量的，而签量的店却是计算销量的。协议期间，酒店销量是多少，只有两个人清楚：送货商和酒店老板。一旦浑水摸鱼，对企业方很不利，较起真来，企业只能让步于经销商。

就此而言，专卖与签量在同一个市场上是不能共存的。如果共存，企业也只能作茧自缚，在终端上下大功夫做起来的流行品牌，却不敢在流通中走货。制造了流行却不能利用流行，悲哀的原因在于：一旦放开进行全通路操作，企业在终端的“高价高促销”就会是自欺欺人。

下面是某啤酒企业×品相终端促销政策。

进店价格36元/箱 。

A酒店专卖费5万元/年 。

B酒店包量600箱送5千元等值×啤酒。

流通小店进10箱送一箱。

送货商为C客户，全年销量5万箱。

促销结算：给予C客户“10送1”政策执行3万箱。

C客户开始喊冤了：A店只卖了5千箱啊！自己要赔上1万箱的“10送1”政策。

由于无法核对A店的真实销量（C客户早就与酒店做好准备了），企业只好按C客户要求去做。

同时，B酒店为了完成任务，把货低价窜到流通小店。

饱受折磨的啤酒企业为了改变这个局面，把X品相专做专场店，增加Y品相专做包量店，增加Z品相专做流通小店。

于是，X、Y、Z三个品相花花绿绿地在市场上“乱花渐欲迷人眼”。

三个品相互相独立，喝惯了X、Y产品的消费者，在流通中却买不到。结果就是：买店只为做销量，自欺欺人自作茧！

而买店的成本高得离谱，抢大店的初衷就是做形象、带流通，结果是“死在高地上下不来”（企业老总语），企业骑虎难下！

二、破解篇

就此而言，酒水行业的促销陷阱很大程度上是自己挖的。故此，酒水行业，尤其是弱势酒水企业在市场运作中，尽量遵循如下原则：

（1）脚踏实地做市场，不要做看上去很美，但实际却很累的事情。很多企业营销老总热衷于“创新”，抢终端、砍大户、细化市场，大刀阔斧，勇往直前……市场没有做起来，自家兄弟（经销商）倒打了起来。结果往往是尴尬之余，回头一看，只见是一地鸡毛。

（2）在自身实力不到位的前提下，慎言“精耕细作”，尤其是在“土地（市场）”产权不在自己手中的时候！

在企业还靠低价低质做市场的时候，如果企业去做“通路精耕”，结果就是种瓜不能得瓜，种豆也不能得豆！有可能连“瓜秧”都不能收回来！

营销不是建立在“聪明与技巧”上，而是要建立在管理之上。没有管理的营销是“自杀”式营销，要充分理解“守正出奇”的古训！

对于成熟企业而言，品牌是势，营销是能，促销只能是润滑剂！

弱势企业依靠通路作战是必然的，在此期间，依托通路构建适合自己的营销平台，应为上策！

整体上的弱势不代表局部上没有优势！利用地域优势，构建自己的基地市场。

“话语权”是企业在市场竞争中是永远的主题，无论专场或是包量，都必须建立在企业拥有一定“话语权”的基础上。

没有品牌做保证的市场是“租用”别人土地（付费），有强势品牌做保证的市场是“出租”给别人土地（收费）。

强势品牌是把市场出租给“经销商”，同时还要收租金，经销商地位相对弱化。弱势品牌是租用经销商的土地，经销商地位主动。由此，厂商“劳资”矛盾开始出现，要么是“客大欺店”，要么是“店大欺客”，甚至在一些企业或行业，经销商等通路成员被妖魔化。厂商在“主客”关系中不断变换位置，双方关系几乎是一对不可协调的矛盾。

在明白上述原则之后，企业破解终端促销陷阱就开始有头绪了：

（1）陷阱的本质不在于促销本身，而在于企业自身。

在武侠小说中，无论任何一种“招数”，被不同的人施展出来，都有不同的威力。而这种区别的根本在于用招之人的内功如何。

所谓内功，就是企业的管理能力、资本实力和品牌高度。

（2）把一英寸的土地挖到一英里的深度。聚焦资源，打造基地市场，着眼于“领导品牌”、区域市场“规则制定权”，抢夺市场“话语权”。基本步骤是：

第一，立足根据地市场，依托地域优势，打造和谐一致的通路队伍，将根据地市场做到无缝覆盖。

第二，防守时重兵把守，寸土不让；进攻中，雷霆万钧，势不可挡。如企业可以根据实际，组建专业的机动部队，参与局部市场的攻或守的战斗，在局部市场上，短时间内集中兵力资源，将对手压倒性地摧毁。

第三，外围渗透，立足渠道，确立“掠夺”式战略，切忌撒豆成兵，四面撒网。

第四，机会与陷阱同在，有舍才会有得。

（3）从技巧的角度破解终端专场或专卖封锁，会有上百种方法。

比如，利用自带酒水破专场，利用消费领袖破专场，利用“暗促”破专场，甚至利用赠酒制造矛盾破专场等，但是，任何破专场的手段都必须建立在“执行力”基础之上。故此，在企业品牌尚属弱势之时，用执行力弥补品牌短板，是可行之道。

（4）守正出奇。从哲理上讲，万物相生相克。同样的道理，在营销之中，没有不可破解的招数。聪明与技巧，招数与花样，都非正招，而是“出奇”，“奇不能久”！也就是说治标不治本。企业营销必须立足于管理的基础之上，“以正治国”！追求“花招”的结果就是华而不实，最终会陷入自己给自己挖的“陷阱”里面！

（5）不能“拔苗助长”。弱势酒水企业在做市场的时候，尤其是开发新市场，一定要遵循“品牌成长”的自然规律！在没有强大的广告支持和品牌积累的前提下，一个刚进入市场的“菜鸟”级产品，必须遵循成长规律，一开始就去做专场包量，结果就是“拔苗助长”，自掘根基！

市场发展是有规律的，任何想突破这个规律的行为都会受到惩罚的！

（7）漂亮的促销手段虽然看上去很美，但是必须有一定的市场管理基础作保障，最基本的就是完善的财务管理。通路精耕中的“促销分离”看上去很简单，但在实际操作中不知道难倒了多少大牌企业，没有准确促销规划，没有完善的执行系统作保障，只靠“拍脑袋”做决策，再漂亮的促销手段只能是“好看但不好用”，甚至是不敢用！

三、总结

弱势酒水企业做营销时要以管理为根基，以通路为立身之本，以生存为保障，以防守为基础，脚踏实地，稳扎稳打。一流企业做“势”，二流企业做“市”，三流企业做“事”。虽然一些诱惑很迷人，但也很危险！任何促销手段、营销模式，在局部时期都有其先进的一面。存在的就是有道理的，但是未必就是合适的。这都是企业在进行激烈的市场竞争的时候，必须注意的地方。

第三章　区域经理如何赢得终端胜利

第一节　终端动销管理模型及动作分解

销量＝终端数×流转率×品种数。终端覆盖越多，单品流转越快，产品品项越丰富，则终端动销越容易实现。然而，事情往往是言易行难。目前，动销难、难动销成为企业和经销商遇到的问题。产品没有销量，自然就谈不上利润。

产品要实现动销需要精耕细作市场，做市场就是让人活动起来，让终端活跃起来，否则就是做仓库。产品积压在仓库，自然不会有销量。销量怎么来？产品覆盖一家终端和覆盖一万家终端店的动销效果必然大不相同。然而有了终端覆盖率，经销商还需要掌控终端，需要对产品的流转率有精准测算。在解决终端掌控率和动销率之后，就要考虑推进多品种、多品项，这是循序渐进的过程。那么，究竟是哪些因素影响着终端动销呢？

一、三大因素，影响终端动销

影响动销的三个关键因素是占有率、掌控率、拜访率。

占有率多按区域计算，某一品牌的占有率就是此品牌的销售额与区域品类的市场容量比。占有率和掌控率越高，动销就越容易。在这三个因素中，尤以拜访率最为重要。炎炎夏季，即使是业务员也希望能在清凉舒适的环境中开展工作，但产品铺货之后需要维护。如此情况，经销商需要对业务员实行过程管理和激励措施。

因为业务员疏于终端拜访，本品自不可避免地被竞品压制或覆盖。在你看不见的时候，竞品的业务员已经破坏了本品的陈列、海报、店招、POP 等终端形象，遏制了产品动销。失去了这些生动化的陈列，再想要动销就难上加难。拜访客户、维护客情，除了身临终端之外，利用新媒体工具联络感情、维护客情也很必要。这三个因素的全部落地并不轻松，如果都能达到 80% 以上，动销问题一定能解决。

“咱们的产品比竞品价格高，又没有广告宣传，市场政策也少，所以终端老板才不要货。”当某一产品遭遇动销困境，经销商常会听到自家业务员这样抱怨。这种情况更需要业务员的强力推进，需要他们坚持四大原则。

二、四大原则，要动销就要坚持

第一原则是“点线面”原则。首先做好一个终端店、形象店，然后扩展到一条街道，再辐射一个区域，最后才能打造全国性品牌。

第二是二八原则。我们通常会认为 80% 的销量是由 20% 的网点实现的，其实不然，大商超重视拉力，夫妻店重视推力。这 20% 的网点只是起到了辐射商圈的作用，影响着产品 80% 的销量和利润。

第三是匹配原则。渠道布局与产品定位相匹配。定位高端的产品出现在高档的场所，才能彰显其身份。恒大冰泉出现动销问题，是其铺货在流通、便利店渠道造成的。此外，昆仑山借助加多宝凉茶渠道销售，也有失“高端身份”。

第四是“蘑菇战略”原则。所有的强势品牌都曾遵循这样的原则，即首先选择和占领企业最有吸引力的目标地区市场，其次再选择和占领企业较有吸引力的地区市场，最后逐步辐射全国。娃哈哈、康师傅、王老吉都曾沿着由优势市场到均势市场再到劣势市场的路线发展。经销商铺货、动销也是如此，先做好自己的强势覆盖区域，后逐步扩大业务范围。

三、五大对策，解决动销难题

影响产品动销的因素有很多，经销商需要解决终端掌控率、终端管理、即期产品、铺货时间等问题。

对策一：终端进化，推力当首。

经销商对终端的掌控程度是一个逐步进化的过程。

要先将产品还没有进驻的空白店转化为产品想进去的目标店。要经常拜访终端老板，联络感情，维护客情。与老板熟悉程度越高，客情就越稳固，就越有利于产品回转。

此时，目标店就发展成为客情店，也叫铁杆店。只是货铺终端，并不能保障产品动销，动销往往产生在客情好的店。在这个过程中，终端店老板的推力要远远大于消费者的拉力。随后，在客情好的店里选择好的位置，如前排货架、吧台等明显位置放置自己的产品，并支付终端店老板一些费用，对动销大有好处。铺货之后，应该考虑的是如何占据终端店老板的库存，拿捏好本品库存比例，终端动销就有了后备保障。

有了库存之后，要想法子动销。此时与终端店老板商量主推自己的产品，根据每月销售量，给予终端老板电视、话筒或其他奖励，从而保障终端推力。在经销商与终端老板关系日益密切并占据其大量仓库和有利陈列位置之后，借其推力，将此终端发展成为经销商的专卖店，此时动销必不在话下。

对策二：终端管理，业务员负责。

谁来为终端负责？一般情况下，业务员是终端店的直接负责人。此时，应该明确细化每个业务员负责的终端位置，并且规定拜访频率、拜访标准和拜访绩效。

正常的拜访频率应该维持在一天一次或者三天一次，长期不拜访终端极易导致改换门庭。拜访标准则是要做终端生动化，打造产品形象。此外，业务员要深入终端，与老板面对面交流，而不只是将脚步停留在店外，就期望能与终端老板达成合作意向。在这个过程中，必须设立终端检核系统。

经销商可利用微信报岗、GPS 定位，明确业务员有没有进店，进店做什么，业务员生动化的标准效果和其每天推进的目标。这个系统要与业务员的工资标准挂钩，此时不应只是基本工资加提成，而要加入多维考核标准。比如开辟终端店奖励，丢掉终端店扣罚；生动化陈列按标准进行奖励，不达标则扣罚。这些都需要系统化的管理，仅仅按销量考核员工，业绩来得快，死得也快。

对策三：正确处理即期产品。

即期产品的管理问题也很重要。产品过期既不是厂家原因也不是动销不顺造成的，而是经销商管理导致的。此时应该将临期产品从不动销的地方调换到流转动销快的地方搞促销，如商超、社区便利店。如果不及时处理过期产品，就会造成退换货，增加成本。

对策四：掌握最佳铺货时间。

按照惯例，经销商多数会选择淡季铺货，这样确实抓住了产品的旺销节点。但是，淡季铺货需要顶住不动销的压力，要做好调货、换货的准备及相关服务。所以，铺货需要区分淡旺季，在淡旺季中间时段铺货，既可以为旺季营销做足货源准备，也可以避免延误时机。

对策五：铺货率的三六法则。

生存线的铺货率为 30%、品牌线的铺货率为 60%。经销商的铺货率和掌控率达到 30%，则在生存上不成问题。但这样的铺货率，必定增加了自己的库存压力，随着时间的推移将会产生大量临期品。只有铺货率和掌控率在所有业务覆盖区域如城市、县城、乡镇均达到 60%，动销才较为顺畅，也才能打响经销商老板和公司的知名度。

赊销也是影响动销的重要因素。赊销会占用经销商的大量资金，致使其不能很好地维护客情关系，减小终端推力。此外，产品的摆放位置、盘面、品项都会影响终端店老板的推介热情。终端店老板将产品摆放在进门位置、显眼位置、消费者方便拿的位置，并且多品项捆绑销售，更有利于动销。新品铺市的话术实施到位，打造经销商老板在终端的影响力，也是促进动销的重要因素。

四、六大看点，终端动销要记牢

终端动销看什么最为客观和行之有效？简单来说有六大看点。

一看铺货率，除了要明晰本品的铺货情况之外，看竞品的单店品种、库存也很必要，同时应记录下竞品的价格带，适时调整本品价格。

二看本品生动化，经销商应让业务员记录下打造产品生动化形象的要素，并使用生动化打分工具考核员工。

三看货龄，看产品的生产日期，是否先进先出，有无即期、过期不良品，库存是否合理，有无断货或爆仓现象。

四看客情，终端老板是否知晓业务员的姓名和拜访周期，有无对业务员的抱怨或投诉，与业务员处于无话可说、只说官话、正常沟通、无话不谈四个阶段的哪一阶段。

五看服务质量，终端老板是否知晓送货员的电话，产品的送达时间、促销坎级，促销品有无截留。

六看经销商终端影响力。终端老板是否知道客户姓名或者公司名。

人动起来就能销。产品不动销背后的问题才是经销商更应该关注的。动销是个系统，也是个苦力活，没有捷径，也没有标准答案。铺下产品后，需要不断地回访、维护、跟进，才能让动销持续。

第二节　基地市场断裂带上的攻防对决

高铺货率、高占有率是基地市场的基本特征，在“两高”的背后，推动出来的是大销量、高利润。不少基地市场的销售经理，在数据的支持下，不无骄傲地夸下海口：“我的市场上没有空白！”

但是，深入这些市场之后就会发现，在花团锦绣的背后，总有一些终端抵触，少卖本品甚至顽固地不卖本品，这些就是终端盲点。

所有市场上都有终端“钉子户”！盲点的存在不可怕，可怕的是盲点存在却不知道！终端盲点多了，连片了，就会形成终端盲区。久而久之，市场断裂带自然形成！断裂带一旦形成，对手乘虚而入，修复的难度将大增。

一、攻击策略：凿出对手的终端盲区

对对手的基地市场发起进攻是一件很爽的事情，但是两个势均力敌者在激烈对抗中，往往是两败俱伤。故而，攻击竞品基地市场的常用策略是：前期先从竞品软肋处渗透，经过潜伏积累，找准凿点，之后再发起进攻。

而进攻竞品的盲区，是渗透式打法的根本。它就是竞品的软肋，也是破冰的“凿点”。

（1）找

竞品盲点存在于茫茫网点中，怎样从成千上万的网点中找出来是一个很费脑筋的事情。

常用做法是：把某个县级城市市场划片区进行扫街踩点，统计所有目标网点的地址电话等，并将店内所有品牌各品种的库存统计下来。

（2）分

通过这些数据，可以准确分析竞品在每个终端的状态。比如，哪个店是竞品的全品种空白点，哪个店是竞品的品类断货空白店，哪个店是竞品铺货弱势店，哪条街道或者哪个区域是竞品的弱势区域等。

分析这些网点的类型、价值，找出我方可以专门进攻的铺货目标店。

（3）布

根据这些竞品盲点的形成原因，制订相应的进攻方案。

贴住竞品是渗透式打法的要点。对位竞品的产品布局，可以采取头部封死、腰部切入、下盘贴住的方法。所谓头部，就是竞品价格带的顶端；腰部就是市场中档主流产品；下盘就是市场低端产品。切忌随波逐流，跟随竞品的节奏。

头部产品决定着消费趋势、消费代表的取向；腰部产品是保证经销商团队活下来的主要阵地。这种布局的特点就是既能保证本品未来的品牌定位，也能让竞品不轻易觉察出威胁，甚至察觉不到本品的存在。

（4）潜

“随风潜入夜，润物细无声”是潜伏的最高境界，潜伏是渗透的最基本立足点。

潜伏必须具备的两个前提就是本品的伪装和竞品的疏忽大意。

例如，在竞品渠道（经销商、二批商）中潜伏，把竞品专卖渠道和专卖终端变为混销渠道和混销终端。

潜伏时，政策与利润的诱惑只是其一，最好建立服务承诺体系，针对竞品销量大、服务不到位的弊病反击，比如赊销、定期回访、即期品调货等。

（5）打

本品进店后，就要跟进单店攻击动作。比如在店内清除对手的生动化，将竞品搬到隐蔽处，或者用本品覆盖，将本品最大限度地展示出来。

（6）锁

观察铺货点的单店销售情况，发现有走量大于竞品的店，就可以采取大坎级压货、包量、专卖等单店政策予以锁定，最大限度地在单店内压制竞品销量。

（7）唯

稳定客情，保证价格体系。做到单店不能交叉供货（应由唯一的经销商供货），一旦交叉供货就有可能造成砸价等内耗。

断裂带的形成一定是从盲点开始的。在单店立足之后，也就意味着滩头阵地形成，就要考虑纵深扩大战果，形成从点到线，也就是按照街道或片区集中铺货，把对手的盲点撕成盲区，最终制造竞品的市场断裂带。

二、防守策略：化敌为野草

基地市场承载着企业的核心销量与主体利润，一旦翻盘就意味着企业陷入窘境。基地市场仅仅靠分析销量数据是远远不够的，当销量出现波动的时候，意味着大多时候市场上的盲点、盲区甚至断裂带已经形成。

（一）考核要点

向基地市场要销量这是企业最喜欢做的事情。基地市场的经理们在销量指挥棒的驱赶下，直奔结果（结果指标包括销量和利润）而去，更容易忽视过程管理（过程指标包括铺货率指标、生动化指标、终端维护指标、客户开发指标等）。

销量考核不是万能的，在很多时候，销量考核的破坏性巨大。

营销人员最喜欢的就是短平快，喜欢做与销量有着最直接关系的动作，比如促销、买赠、压货等。人人都喜欢拾收鸡蛋，却无人能忍受养鸡这个漫长艰苦的过程，那结果一定是可怕的。

所以，基地市场的考核，更应该将考核中的过程管理的比重放大。即使因为企业的惯性而不能改变这种模式，也要采取过程指标重罚的倒扣模式，强化巡查走访，确保过程指标的落地。

（二）信息畅通

盲点、盲区形成的根源，是因为信息不畅造成的死角。基地市场要想做好防御，就要建立强大的终端监控系统和销量监控系统。

终端监控：业代每天报送所拜访的终端本品及竞品的品种、销量、库存信息，并与上周拜访的信息做比较，分析本周本品及竞品网点增减、铺货品种增减、库存增减情况，每周汇总上报。最终，每月形成区域内各个业代的铺货率汇总，包含本品竞品终端状态对比分析。

销量监控：建立每日销量报表系统，并使用业绩分析工具。

终端控制是过程管理的核心部分。只要终端不发生大的质变，销量上的波动就不会有大的损失。一旦销量数据不稳，通过上述手法，就能追溯到问题发生的根源。

（三）坚壁清野

在传统企业作战中，竞品的渗透方式无非是两个途径：一个是网点渗透，另一个是渠道渗透。

通过上述作业，业代拜访管理系统已经实现了对网点的有效监控，也就没有管理视角上的盲区了。

渠道渗透也是竞品进入的常用手法。由于基地市场大多是本品畅销但是不赚钱，经销商（分销商）就会利用本品铺就的网点为平台，利用竞品利润不透明的特点“带货”。

此时，渠道壁垒的构建对于基地市场来说尤为重要。所谓渠道壁垒就是本品所有经销商、分销商都必须执行专卖专营管理（可以有偿），并纳入区域内的过程考核指标中，一旦有本品经销商偷卖竞品，则予以处罚。

（四）“三光”政策

“三光”政策之一：设定竞品铺货率控制底线，高于这个底线必须清理。对手在网点上无法落地，就不能实现销量，威胁也就自然消除。竞品进入了没吃没喝的沙漠区，自然也就无疾而终。

“三光”政策之二：淡季是竞品生命力最弱的时候，对竞品实行专项打击。尤其是竞品价值高地和连片铺货区域，要实行清零。

竞品如同野草，可以经历一年一度的春生秋死、短暂生存，但坚决避免其长成灌木大树。

“三光”政策之三：给竞品经营环境设置层层阻碍。

任何一个经销商都要靠销量实现利润，没有利润就无法生存。只要把竞品的铺货店纳入管理视线，依靠基地市场密集的拜访体系，竞品就会暴晒在阳光之下，无处可逃。

主场作战的优势就是有深厚的当地资源。阻击竞品经销商的经营环境的手法很多，比如旺季挖掉它的业务队伍、送货司机等，总之不能让竞品的士气高昂，要让他寸步难行，备受煎熬，因为这样才能警示后来者以此为戒，卖竞品的下场很不好。

（五）扫雷

客诉店就是基地市场上的地雷，一旦被对手利用就会爆炸。扫雷的前提是知道雷在哪里，谁负责扫雷，也就是说要建立客诉处理流程。对于长期不能排除的钉子户，区域经理要有管理责任。

（六）走访

数据的反应都是滞后的，仅仅是量变，只有到一线才能看到质变的迹象。听听终端老板的抱怨，看看业代的拜访绩效，查查经销商的配送服务情况，对于虚假信息就地处理……盲点可能依然发生，但却能避免盲区的出现，更避免断裂带的形成。

链接：终端盲点多发地段

（1）协防交界地带

市场划分往往是按照行政区域划分的，在区域之交的边缘地带（或在多个经销区域的交界），是死角形成的多发地带。这里无人拜访、无人配送、无人管理，久而久之就成为竞品渗透的首选区域，而且，在形成盲点盲区的同时，窜货砸价相伴而生，网点在被一次次蹂躏后，拒卖或少买的现象必然发生。

（2）客诉终端

服务客诉：配送不及时造成缺货断货。

政策客诉：压货政策告知不全，压货漏店、跳店，压了东家忘了西家；单店政策偏差太大，厚此薄彼，遭到拒卖。

管理客诉：经销商砸价窜货，促销截留、不兑现。

（3）新开终端：新店开业了不知道，终端换老板了不知道。

（4）新型终端：因 KA 大卖场、夜店 KTV、电子商务等渠道的配送方式、消费特点区别于传统渠道的作业模式，企业营销管理系统无法持续关注，久而久之就会形成盲区。

比如区域品牌经常无视也无力对付全国性的大型连锁终端，于是大型连锁终端就成了竞品进驻的滩头阵地。网购让很多传统企业摸不着头脑，团购消费（节庆福利、会议用酒、红白喜事用酒等），此类隐形渠道似乎防不可防。

第三节　压货盲区及管理动作指引

压货对于业务人员来说是必修课。在旺季来临之前或者新品上市的时候，压货几乎是每一个厂家的习惯动作。千军万马挤在压货这个独木桥上，有的压货之后是春光灿烂，有的却只是一地鸡毛。对于在压货中被挤下独木桥的案例，我们大多会看到要么是压货过度导致爆仓，要么是压货技巧不高明导致失败，要么就是压货季节把握不好导致过期……

压货是什么？

把货铺到终端就是压货！

也可能有人说：错！把货铺到消费者手里甚至心智里才叫铺货！不仅要铺到心智里，还要“注册”到心智里！

我只能回答：忽悠，继续忽悠！

一、压货动作盲区

压货动作谁来做，只有厂家或者渠道成员！

压货是否到位，关键是看压货动作是否扎实。压货如同一套武功套路，要置对手于死地，必须是连环出招，招招致命！

（一）经销商压货

把促销政策告诉经销商，或者把压货费用交给经销商，然后就由经销商组织人马四处撒货。

盲区：经销商压货是一个良心活，经销商若见财起意，截留、改变压货促销费用几乎是手到擒来。有的经销商也会利用大资金压库囤货，等活动结束后卖高价！况且经销商大多是干“粗活”出身，压货过程中往往是压大不压小，不仅会跑冒滴漏、丢三落四，更有可能是以牺牲价格、秩序为代价进行压货。

比如很多酒水经销商拿到压货费用后，基本动作就是召开订货会、收取预付款，然后把货甩给二批商，只管出货不管卖货，反正货款已经到手！之后便会出现二批商之间的“群魔乱舞”，有的交款多，拿到的货就多，卖的时间也就长，反之卖的时间就短。比如张三的预付款三月就卖完了，李四交的预付款多，能卖到中秋节。张三在四月就只能眼睁睁地看着自己的饭碗丢失，因为李四享受的预付款政策还在继续，自己没有任何的价格优势了！

这种旱涝不均的态势不仅会造成渠道混乱，更会造成短命产品层出不穷。也就是收一次款，换一次产品，结果往往是换汤不换药，换瓶不换酒，最终导致消费者不认账！

（二）订单压货

在设有分支机构实行线路拜访的市场，订单压货就是靠业代拜访拿取订单，然后交由经销商配送。

盲区：订单成交只是开始，订单追踪是主管坚决不能放松的一个问题。很多时候由于压货政策的吸引，一天的订单可能达到十几份，往往会造成只下“单”不管“单”的现象！也就是只管把订单送到经销商那里，经销商订单能否达成就无暇顾及！经销商接到订单后，迫于配送的压力，东一个西一个送的天旋地转，有的订单忘了送，有的订单找不到，有的订单送到后被拒收甚至会有假订单！

（三）跟车压货

厂家业务人员跟着经销商的车一起铺货。

跟车压货能部分解决上述弊端，优点是不仅监督经销商压货政策的落实，更能增强压货力量，以厂家的名义出现会提高成交率。

盲区：跟车压货短期会收到奇效，时间久了不仅浪费资源，也会形成拜访疲软，比如拜访效率不高，业务人员纪律松散等。

（四）冲击压货

冲击压货亦称冲击队压货、暴力压货。也就是把业务人员集中起来，两三个一组，带车铺货。特点是气势磅礴，分工明确，压货理货、生动化作业、收款搬运各司其职。这是一种“集中优势兵力打歼灭战”的做法，容易在短期、局部内给对手造成沉重打击。

盲区：冲击压货一定是适合局部，短期的！因为看似一个队伍3～5人，但是要把一个城区冲击一遍，即使5个组也要大概一周时间完成。因为一个组一天最多也就能冲击40家左右，而一个县城城区网点很多不下1000个，所以会费时费力，开支巨大，属于不能轻易使用的“看家绝招”！

上述四种压货动作，每个都有盲区，但不是每个动作都能打遍天下，都能一招制胜，都能重复用上几百遍！要不断变换组合使用，在不同环境下用不同的压货动作，进而形成互相弥补的组合，逐步消灭盲区的存在！

要点：

（1）勒紧人马。

兵要强马要壮，无论经销商人马，还是厂家人员，在压货期间必须有严格的纪律来保证压货效率。很多中小型经销商采用的是业务队伍混用的模式，也就是手下两三个人，白酒、啤酒食品、饮料全部由这些业务人员来完成。这就往往会造成啤酒旺季来了，业务队伍就丢了白酒；白酒旺季到了，业务人员就把啤酒丢掉，造成市场如同野草一般，春天生，秋天黄，冬天没了影！市场年复一年，年年开，年年丢！

（2）适时而动，不同的环境与背景下使用的压货方法不同！

不同的压货动作有不同的压货特点，比如经销商压货会在成交率与铺货准确度上把握得很好，因为经销商对于自己的客情区域、客情店有能力推进。但是对于新开区域经销商未必比厂家业务人员专业，这就要考虑“跟车压货”模式。当跟车压货到一定程度后，可以考虑将网点转移给厂家业代周期拜访维护。

二、压货促销盲区

促销就是药！无病不吃，有病也不能多吃，吃多了不仅有副作用，关键是有可能危害身体健康！

万物相生相克，没有无敌的“促销”，所有“促销”都会有解药！

（1）“促销依赖”。长时间的压货政策会导致终端促销疲软或者依赖，比如原生态压货促销政策“10 送 1”，时间 1 个月，就会造成终端认为“10 送 1”是常态政策。没有促销就不进货，这就是促销依赖症。

（2）“促销疲软”，压货、压货再压货。“你们家的啤酒到底多少钱啊?”酒店老板娘扯着嗓子大喊：“上个月‘10 送 1’，这个月‘30 送 2’，今天又‘40 送 3’，我家仓库都积满啦，你就是‘买 1 送 1’也不要啦!”“天这么冷，我一天卖不了半箱酒，你就是白送也没地方搁啊。”

当终端老板对于促销“面不改色心不跳”的时候，促销疲软症就来了！由于季节原因或者点击率不高，网点老板信心不足。加之销量压力下的促销连续升级，终端对于促销处于麻木状态，认为促销不是赚了便宜，而是背了包袱！

(3)“促销共振”。所谓“促销共振”就是本次压货政策是“20 送 1”，搞了半个月活动，紧接着又搞压货活动，此时“20 送 1”已经失灵，不得不采取“10 送 1”的政策，接下来再搞活动，就不得不“5 送 1”……

脚步共振能踩垮一座桥，促销共振必然会穿透产品价盘。

促销依赖可以“戒掉”，促销疲软可以“避开”，但是一旦进入促销共振阶段，必然会价盘穿底，渠道混乱。如果再加上单品作战，不能及时换新产品休养生息，养住渠道，往往就是损兵折将！

对于销售人员来讲，其天职就是完成销量。在完成销量的过程中，促销与销量几乎组成了一个跷跷板：总部跟他要销量，他向总部要促销！给他足够的促销，他能翘起地球！

某啤酒企业为了迅速打开一个战略市场，采用“再来一瓶”，中奖率100%的方法，目的是血洗该战场！第一周铺货神速，势不可挡！第二周、第三周销量急剧上升，甚至出现千家万户抢购的现象！

一天，该企业市场主管看着市中心的河里满是白色泡沫的时候，欲哭无泪！

原来全城人民在开瓶盖，开完瓶盖倒在下水道里，然后拿瓶盖去兑奖，兑来啤酒再去开盖……

原来，一个啤酒瓶能卖3角钱！

自检：

(1) 自己是否是销量至上、老品至上？

卖老品对于业务人员来说意味着省心省力，不费脑筋。抓好几个季节拐点，搞搞促销一年的收成就有了。销量达成是厂家追踪的第一指标，没有销量的市场任何营销动作都无从谈起！在销量第一的市场，我们往往看到的是价格穿底、渠道混乱的局面。业务人员一般会有惯性思维：要销量可以，拿促销来！老品对于市场而言是“渠道护盘”的根本，而新品大多是“渠道养护”的妙手，老品畅销不挣钱。价格透明不仅让企业头疼，让经销商也会烦恼不已！

(2) 压货政策是否超过一周？连续压货是否超过三次？

压货，就是要做到短平快。战线持续越长，压货的问题就会越大。

(3) 旺季来临敢不敢提价？

压货一般是在旺季之前进行的，通过大规模压货后，竞品基本被压制在角落，市场局势也就被自己牢牢掌控。旺季来了，因为压货造成的价格杀伤必须有休养生息的时间。此时压货政策不仅要停止，基本促销也要上调，甚至要考虑提价问题。否则，渠道成员面对越来越重的配送任务，如果不能“吃肉喝汤”，就有反抗的可能！

(4) 新品跟进是否及时？

新品上市能否成功，很多人认为取决于消费者的认可度！但是作为营销人员绝对不能把消费者是否认可作为理由。

笔者不认为新品上市的目的是迎合消费者的需求，新品上市的目的一半是掩护老品渠道利益微薄的漏洞，给老品带来喘息机会；一半是为在终端上挤占对手寻找机会。

三、压货价盘盲区

不要迷信品牌，品牌不过是个传说！

没有价盘秩序的品牌是没有渠道基础的品牌，是空中楼阁！

（1）区域乱价。尤其是在成熟或者半成熟市场，由于本品畅销会导致分销系统销量大于经销商直供销量。经销商接到压货政策后，传达给分销商。分销商为了充分利用压货促销资源抢销量、赚利润，会尽可能地多去铺网点，在铺完老网点后，就会吃着碗里的、看着锅里的，到其他分销商的区域内窜货。初期仅仅是偷着送一点，久而久之就会把压货政策让出去，低价窜货。

（2）裸价出货。压货政策一般是大于常规促销，基本上是“常规促销+压货政策”的模式，比如常规政策是“10送1”，压货政策是卸50件送3件。那么，整个促销就成了卸50件送8件。

配送商干脆把赠品去掉，折成现金裸价出货，人家18元一件，50件送8件，他干脆15.5元一件出货。化整为零，小单照样送！面临厂家人员的询问还会有着充分的理由：“一次卸货50件太多，网点吃不下，我一次少送一点，多跑几次就有了！“

（3）冲货窜货。打击冲货是让很多厂家业务最为头痛的事情，市场苗头刚刚起来，外地货冲过来，往往如同秋风扫落叶，杀伤力巨大！

自检：

（1）有没有分销商管理制度？

分销商对于厂家而言是一个又爱又恨的角色，但是对于一些快消品企业而言，却又是一个离不开的“冤家”。尤其是对于三线、四线市场特殊的渠道结构，分销商短小精悍灵活、无孔不入的配送特点给厂家带来巨大贡献，但是分销商往往是“无党派”人士，不受约束。如果管控不好，对于价盘杀伤、渠道秩序威胁极大。

这帮“悟空式”的人物如果不给他们戴上紧箍咒，没有严格的分销商管理制度，他们不仅会上天入地，甚至会翻江倒海，搅得鸡犬不宁！

（2）有没有区域或者网点划分。

某酒店送货 20 元一件，张老板送了多年。等李老板 19.5 元一件送过去，结果就会出现局部战争，不仅张李二位会大战，酒店老板也会掺和进来大骂张老板不仗义，挣黑钱！所以在管控市场的时候，要明确某个区域或者某个网点的配送归属权，实现唯一配送，不能出现同一区域或者网点有两三家送货的局面。不仅要防止乱价的情况产生，更要对乱价的分销商实行监控、处罚！

（3）有没有分销商回扣管理。

分销商返利管理浅层认识会认为是“套”分销商的一种手段，防止分销商叛逃。但是如果拿捏到位，分销商返利实际是市场管控的一个有效杠杆。不仅能管控分销商的“量”，还能管控分销商的“质”！

量，就是销量，质，就是价盘、区域甚至品相！

（4）有没有产品批号追溯流程。

某个分销商低价把货送到别人的区域或者网点，被别人举报。等厂家业务去检查，该分销商死不承认。厂家业务只能从批号上查到是该区一批商的货，而无法查到这批货发给了哪个分销商，此时扯皮就会出现，很多时候会不了了之！

经销商二次批号登记管理是一个必不可少的环节，没有这个环节的保证，我们只能保证大区域的产品批号追溯，但是对于小区域内的窜货会束手无策！

四、压货渠道盲区

渠道是现在，品牌是未来！你选择现在还是未来？

把握现在，才有未来！把握渠道，才有品牌！

（1）多级渠道。渠道层级越多，管理难度越大。啤酒渠道的最佳层级不会超过三级，即一批商、二批商和网点。一旦在二批商之下形成三级批发商，整个市场价盘就会出现混乱。原因是三批商基本上是在无管理状态下形成的，他们为了逐利会扰乱市场秩序。

（2）无组织渠道。所谓无组织渠道就是自然形成二批商。一批商裸价发货，二批商自由铺货，完全靠点击率支撑市场，靠老品打天下，完全是个无组织无纪律的部队，铺货一窝蜂，砸价一锅粥，互相指责、谩骂，甚至会打架争抢网点。

（3）混合渠道。一个优秀的品牌必然会带起一大批优秀的渠道商。当一个品牌局部市场成熟时，最先成熟的未必是消费者，而一定是渠道！也就是说只有渠道的成熟才能支撑起一个局部成熟的市场，尤其是对于二线品牌而言。

换言之，局部市场成熟到一定程度后，就会出现大树下面不长草的态势，也就是竞品渠道会被本品强势渠道压制，如同一棵茁壮的大树下面不能生长另一棵大树一样。竞品要进入这个本品成熟的市场，最快捷的方式就是借用本品成熟的渠道。在压货中如果本品渠道成员接竞品的货，就会形成混合渠道。混合渠道一旦形成，尤其是在本品强势区域，一定要快速自检整改！

自检：

（1）知道自己的渠道层级吗？自己能管控到哪一级？

新市场新产品刚开始的时候，找个分销商很难。一旦畅销，分销商就会趋之若鹜！面对蜂拥而来的二批商、三批商，一定要有清醒的头脑，不是所有人都能混进队伍里来，必须遵从“三大纪律、八项注意”，道不同不相为谋！

（2）二批商为什么敢于砸价？

敢于砸价的二批商可能是胆子大的二批商，但是之所以敢冒险砸价，一定是他有冒险的理由。有高压线，但是只有“线”没有“电”！这些人尝到甜头会蜂拥而上，因为谁砸得慢，谁就吃亏，砸完了，大家都不卖了，再去投奔另一个厂家！故此二批商之所以敢砸价，大多是因为厂家管理软弱，二批商“不怕”，然后是砸了也“不悔”！

（3）渠道商接竞品的原因一定是对本品失去信心！是什么让渠道商失去信心？

砸价，不是二批商的本意！他们也希望跟着一个纪律严明的部队打江山，赏罚分明，分配合理，能安心地挣钱。当二批商看到一支部队管理混乱，赏罚不明，为抢碗饭争抢打斗，甚至动刀动枪，不仅流汗还要流血时，那么，他们一定会想法离开这支部队，寻找他们的光明！

第四节　快消品行业终端拜访 “天龙八步”

终端拜访八步骤，江湖传说是康师傅当年搞通路精耕时搞出来的作品。但是，就目前而言，已经是快消品行业通用的一门基本武功。

今天，我们把它细分成终端拜访十步骤来逐一讲解。

一、终端拜访是不是一门高深的武功

拜访步骤就是教会一个业代、一个新兵怎样立正、稍息、站军姿，有人会问：“我不会立正、稍息也能把敌人打得嗷嗷叫。”我们可以想象一个电影场景：一支正规军在行军，突然有敌情，随着长官一声“卧倒”，这支军队会齐刷刷地趴在地上。

营销人的正规军往往会把一个拜访动作分解成多个步骤，比如可乐的拜访八步骤。

二、在进行步骤分解之前，一定要搞明白几件事情

（1）终端是不是你的命根子？

（2）终端是不是你的销量、业绩的主阵地？

（3）你的销量有多少比例要通过终端来实现？

（4）不做终端行不行？

（5）终端在谁的手里控制？

（6）为什么客户能跟你漫天要价？挟终端而令厂家难过？能反客为主？

终端在哪里呢？

有人回答：终端在市场上。

问：以石家庄为例，有多少家终端？清楚这些终端的位置、老板、电话、经营品种吗？

注意：不同的品类、品牌对于终端的定义不同。

关键词：适销＋匹配；扫街或踩点。

利用标准模板，采用无遗漏原则，把所在市场的终端盘点出来，记录下来，分类标注在地图上，并制作终端客户资料表。这个基础打不好，后面的工作会一塌糊涂，

问：业务员是不是经常换？业务员是不是也经常变换区域？是不是换一次扫一次街？

扫街、画图、制表这些基础工作做扎实了，换人也无妨。但是，有人会问："我的业务员每天只跑客户，不跑终端或少跑终端，即使跑终端也是应付一下，原因何在？"因为你的业务员工资来源与终端无关或者关系不大，业务员工资的主体来自销量。所以，这个地方要注意兵种的分布，分销业代与终端业代是不一样的，也就是工兵与炮兵是不一样。分销（客户、渠道）管理由当区主管或者分销业代负责，终端工作由终端业代负责。当这些环节搅在一起，终端拜访必败！

问：一天跑多少家，跑哪几家终端要不要确定？

一般是45家，一周一次，也就是大约240家终端。

但是要遵循两个原则：**第一，无遗漏原则；第二，地盘品牌原则。**

无遗漏原则是：每家店必须跑，不跑的店如关门要有主管的批准！

地盘品牌原则：有地盘才有品牌！地盘=掌控率=铺货家数/目标家数。

所以，终端能不能跳着跑？能不能挑着跑？能不能重复跑？不能！而是必须跑！跑终端的目的是什么？提高销量吗？

我认为跑终端的目的最主要是：抢地盘！当然还有其他的目的，即做客情、生动化、攻击屏蔽对手。

三、进入拜访十步骤

第一步：店外作业！

有人会说，要做拜访前准备，整理仪容，微笑等。

我认为**店外作业的关键词是叫、要、缺**。老板叫什么？店里面要什么？店里面缺什么？

注意：要看拜访手册！里面都会有记录，老板姓名，店内上次品相及竞品情况，订单情况，客诉记录等。

关键动作：看手册（电子或者纸版），思考话术，处理竞品海报。

第二步：打招呼。

找对人：关键人识别，话术、称呼、破冰技巧。

注意：新手最犯愁的就是进店晕头转向，语无伦次。

关键动作：尽量与店内所有人打招呼，介绍自己（话术、技巧），处理客诉。服务是成交的第一步，服务更是客情建立的基础。

客情的三个阶段。初级阶段：客户熟悉业务，能叫出业务的名字。中级阶段：客户信任业务，查库存后能直接下订单，客户能认可并签字。高级阶段：客户依赖业务，而业务能帮老板提出管理建议，帮公司赚钱。

第三步：店内作业。

关键词：专业，敬业！

什么叫专业？什么叫敬业？专业有的时候一眼就能看出来！例如受过专业训练的军人。业务人员是否专业，贴海报一个动作就能看出，有的业务舒舒服服，顺顺当当地把对手的海报干掉，把自己的海报贴上去。

注意：专业是训练出来的，更是管理出来的，从每个动作入手训练。

第四步：产品陈列。

原则：①让本品看得到，让竞品看不到。②陈列是抢出来的。③陈列是一种习惯。

注意：花钱是本能，谁都会。做市场是本领，不是所有人都会。

第五步：库存管理。

酒，很特殊，很少在终端做标准的库存管理，因为酒不过期。

快消品的库存管理关键词：先进先出，即期品。

即期是指到保质期过了一半的时间，即期品管理好了就会没有过期品，少过期品。即期品的管理在饮料、食品，尤其是牛奶行业很标准，关键动作是看条码、日期，观察流速，理货，记录即期品，通知客户处理，警示店方，防止过期；关注本竞品库存比。

第六步：建议订单。

遵循1.5倍安全库存原则。（上存－上进－本存）×1.5＝安全库存，上存、上进要看拜访记录（电子系统、手机系统很难做这一点），本存是实际库存。

关键动作：给客户提出建议订单、话术；根据安全库存机流速判断，掌握尺度、话术，注意不要“一单死”；推新品，把握时机，掌握话术、技巧，持续成交。

新品要点：对位、缺位。对位：与竞品对位，对价格带；缺位：推荐店内缺乏的价格带。

第七步：政策布达。

政策话术，算透，单店单策，布达内容，签订协议等。

第八步：了解市场动态。

关键词：记下来（专业的表现）。

关键动作：了解竞品信息，听取客户抱怨、意见，听取终端建议。

第九步：表单作业。

关键词：准确，实事求是。

关键动作：完成表单（电子，纸质）、市场信息反馈表、客户订单未送达记录表等。

第十步：重申预约，道谢出门。

关键词：姓名，拜访周期，订单内容。

关键动作：切忌虎头蛇尾，丢三落四。

大家注意一下，快消品行业品牌强大的企业，终端管理能力都很

强大。

第五节　名牌下乡要过几关

当我们穿着班尼路，提着 LV 包包走在“乡间小路上”，当我们穿着阿迪 T 恤，耐克鞋在“田间地头挥汗如雨”……

这种景象会是“雷”死人的一道风景！

名牌本身就是品牌，这个好像是个最基本的常识！但是名牌下乡的障碍却恰恰在此。因为，我是名牌！

在农村，我们相信品牌的力量，但是品牌未必是唯一的力量！比如，在农村市场上青岛啤酒的销量未必能大过“青鸟啤酒”的销量，原因归结起来，好像很简单：由于农村消费者信息落后、文化水平低等因素，致使假冒产品凭借廉价优势具备一定市场。但是从深层次延伸来想，我们可能会疑惑：名牌斗不过山寨，就像正规军消灭不了土匪，是“正规军”无能还是“土匪”太狡猾了呢？

一、“阳光大道” PK “羊肠小道”

名牌作战的特点是集团作战，海陆空齐飞并进。

比如，可口可乐的 101 系统在城市作战威力无比，一条街道的售点就有几十个、几百个。这些集中的售点群让可口可乐的业代拜访模式运用起来得心应手，让业代每天拜访40家售点绰绰有余。但是在农村，分散的消费特点及可怜的售点流转效率让这种拜访模式很尴尬。因为一个村庄的售点可能只有1~2个，要完成40家售点的拜访指标，业代要跑20~30个村庄，这个任务可能只有“超人”能完成！

离开101系统，可口可乐的营销模式及营销系统就必须进行大变革，向传统的批发分销渠道模式靠拢，其整个营销系统就会面临价格混乱，秩序崩盘的风险。虽然农村市场是个诱惑，但在没有充分成熟之前，对可乐而言仅仅是块“鸡肋”而已！让他抛开城区这块“大鸡腿”，劳神费力地去吃农村这块“小鸡肋”，可口可乐是无论如何也不会接受的！

是否因为农村市场是鸡肋，可口可乐就不要了呢？

例如，从2004年开始，可口可乐的一元一瓶“红色风暴”行动就开始高调下乡，并且专门组建自己的农村市场队伍！原来的老渠道管理方法已无法适应四五级市场的需求。真正要在农村市场扎下根，需要改变的不仅仅是营销模式，还需要打造一支专门运作此类复杂市场的队伍，这对企业文化、管理、营销、组织适应能力都是一场严酷冷峻的考验。

农村渠道是个很特殊的渠道，居住分散的特点造就了消费不集中的特性，从而使整个物流配送变得复杂冗长，效率低。

以可口可乐、康师傅等为代表的通路精耕系统，大多依托的是业务人员的线路拜访模式，甚至是全订单直销模式，这些是正规军作战的典型打法。在农村市场，售点分散的特点要求厂家必须实行分散作战的“土匪”打法。当正规军到山里作战，虽然拥有飞机大炮等先进武器，但是山高林密会使这些先进武器统统作废！

而以娃哈哈为代表的渠道品牌，以渠道为依托建立的营销模式恰恰解决了农村山高路远的弊端，以致我们曾经惊呼娃哈哈是最牛的铺货大王！在农村售点里面，我们可以看到娃哈哈的系列产品几乎占据售点品类的一半，这些正是养活山林土匪式渠道商的制胜法宝！这是由2000多家一级批发商和20000多家特约二级批发商组成的庞大营销队伍。这个组织严密的类似葡萄串状的网络使娃哈哈系列饮料在三四级市场的平均铺货率高达80%以上。娃哈哈集团董事长宗庆后曾自信地说："娃哈哈的销售网络遍布全国所有的地市县，甚至在不通公路的大山深处、村庄的小卖部里都能看到娃哈哈的产品。"

但是，我们也能清楚地看到，娃哈哈的非常可乐生存空间只在乡下低端市场，在城区市场上反而不多见。当前在可口可乐等饮料巨头的下乡围剿中，继续按照自己的游击战术向深山老林行走，将会越来越难！

二、"买得起"PK"卖得起"

在农村，很多产品能畅行无阻的原因，靠的未必是品牌，买得起是第一位，买得到是其次，农村低消费能力特点决定了购买的首要因素是价格。名牌产品的价格是很坚挺的，在定价权上有很大的优势，这就必然会让大多的农村低端消费者失去消费机会。而要用降价的方式去争夺这部分消费者，名牌在城区市场多年积累的品牌资源必然会毁于一旦。所以名牌要进入农村市场，必然要舍弃在城市市场的习惯做法，在逐步渗透的基础上，适当考虑生产专门适合农村的产品。例如，名牌可以在品牌运营的基础上推出分品牌运作，特殊包装产品、小容量低价格产品等。

在城市大商场，一瓶饮料的价格可以卖2.75元，没有人会提出意见。而在农村小商店，同样的饮料如果执意卖到这个价格，会造成一锤子买卖，因为会有很多人讨价还价到2.70元，甚至2.50元！这种随意的定价规则，必然会对名牌产生损害！

故此，名牌下乡是一个循序渐进的过程。在这个过程中如何让消费者乃至渠道商接受自己的定价，认知自己产品的档位，名牌企业必须下功夫做好引导。比如在农村市场建立模范店，明确标示自己的产品价格，培训考核渠道商按照指定价格出货等。

在农村，买得起是刺激消费的基础，但是仅仅有合适的价格让消费者买得起只是第一步。价格是否合适对于消费市场来说，永远是个没有答案的命题。康师傅方便面卖不过康师娘，因为康师娘比康师傅便宜，同样道理，康师娘未必卖得的过康师妹，因为康师妹比康师娘又便宜！在农村，同类产品的两个不同品牌销量不同，取决因素可能仅仅是相差几元甚至几角的价格！

但是当康师傅卖到康师妹价格的时候，康师傅的品牌就永远走下了象牙塔，沦为与康师妹一样的低端品牌！名牌博弈农村市场，就如同走在跷跷板上，占领了城市市场，却下不了农村市场！所以，名牌下乡是一个渐进过程的同时，更是一个“双手互搏”的过程！那么如何“渐进”，如何“双手互搏”呢？

在品牌与价格的矛盾中，名牌产品往往会陷入两难：如果名牌因为在乡村普及而变得太“土气”，城里人是否会开始“嫌弃”它呢？

在城市，名牌产品因为消费能力的不同，价格可能是跷跷板的高点。而在农村，名牌产品的价格却不敢去寻求跷跷板的低点。这种矛盾的对立，使名牌产品下乡必然要寻求一种统一！

4 亿城市人口承担着名牌产品销量的 80%，9 亿农村人口仅仅承担着 20% 名牌产品的销量，这就造成名牌产品在城市的拥挤不堪！在农村市场，名牌产品 20% 的消费比例也只会集中在 20% 的网点和消费者身上！这就要求厂家从城市向农村的转移中，对节奏的把握要恰到好处！名牌下乡是一个选择性逐步渗透的过程，而不能寻求“水漫金山”的崩盘式效应！

在农村，同样有着一些消费高端产品的网点。比如，民俗游的兴起导致一些农家甚至果园里面出现一些季节性的餐饮店或者零售店。在这些餐饮店或者零售店中，杂牌的生命力明显会减弱，名牌产品的生命力会得到提高！名牌产品能否寻找到这些角落中的售点，建立自己的渠道，逐步培育自己的销售机会，都是考验名牌能否成功下乡的因素！

不仅价格是名牌下乡的通行证，在名牌下乡的过程中，渠道推力也是不可忽视的一个环节，所以渠道成本也是名牌进村难的一道门槛。

在城区铺货，把一条街道从头到尾扫一遍，几十个几百个网点可能不出几公里的距离，同时网点流转速度快，接货量大的特点会提高单日业绩，减少单车配送成本。而在农村，要铺出同等量的产品，必须多跑几倍的网点，几十个上百个村庄，没有上百公里的路程是做不到的，在城区一天能干完的活，在农村三五天都完不成！无论厂家还是经销商都会算这个账！这种特点造成农村市场的渠道利润需求明显大于城区，而名牌的尴尬在于：名牌不赚钱（渠道利润微薄），一些名牌在渠道商手中沦落为“开路先锋”，不是靠名牌赚钱，而是靠名牌铺路搭建自己的渠道。你家名牌卖一元，我家就卖九毛九，目的是跟网点建立客情关系，为自己的赚钱产品铺路子！

于是在农村市场上，我们会不停地听到这样的民谣：名牌不赚钱，赚钱的不名牌！

那么，在农村如何让名牌不沦落，让名牌也赚钱呢？

渠道管理是关键，那些把货甩到农村，“只管下蛋不管收蛋”的做法必然会让渠道商有自由发挥的余地。面对地广人稀的农村市场，名牌厂家如何“既下蛋又收蛋”呢？

名牌在农村的低销量和高物流成本决定了乡镇农村渠道商无法获取大利润。经销商的利润来源无非是：利润 = 销量 × 价差。当销量大不起来，价差又不敢多给的时候，名牌产品如何做呢？

首先要着眼配送成本。比如在农村，我们看到很多渠道商送货车上的产品很少是单一产品，大多是五花八门的，几乎是应有尽有。一辆送货车几乎汇集一家农村小超市的所有产品，同时也是一个流动的产品宣传车。为此，名牌产品下乡可以搭个“顺风车”，给予这些渠道商一定补贴，甚至租赁送货车的车厢仓位，规定陈列数量及车厢内位置，这样必然会起到事半功倍的作用！

其次把握销售季节拐点。农村的消费与季节、节日有着密切关系，比如春节、中秋、端午、秋收、婚丧嫁娶、走亲戚、赶集赶场等。在这些季节拐点中，消费集中爆发，销量提升很快。在这些季节拐点中，厂家可以在集中铺货的同时，选择性地在农村售点做陈列堆头，甚至设置专业导购。农村售点、场地等因素决定了售点喜欢在旺季时节把货摆到门外、路边等场所，因为摆得越多卖得越多！厂家甚至可以在短期内雇佣培训农村闲杂人员每天定期到售点做陈列维护（成本很低）。

当然，在渠道商选择、激励、业务人员管理考核等方面，企业也要下足功夫。

三、“想得到” PK “做得到”

农村是个广阔天地，在那里会大有所为！在今天，我们可以听到很多“到农村去”的口号，可口可乐的1元玻璃瓶计划，家电企业的下乡计划，有的轰轰烈烈，有的折戟沉沙！无论成败如何，足以证明农村市场的诱惑力之大.

在很多时候，我们能清楚地感觉到农村的诱惑，尤其是在经济危机的大背景下，9亿农民的“大蛋糕”实在让人大流口水！城市的蛋糕在越来越小的同时，也养成了名牌产品的城市化“牙口”。吃城市蛋糕的时候，这些名牌产品会三下五除二地解决战斗，但是吃农村蛋糕的时候，却少了一副好牙口，因为这块蛋糕又硬又倒牙，不小心还会吃出点玻璃石头来！

对付农村市场，好牙口少不得，不仅要有适合农村市场的产品、价格，更要有不同于城市的渠道系统、营销队伍和管理模式！在把牙口练好之后，更要有“急不得”的心态去面对。

农村市场是个已经探明储量很大的宝矿，但是储量分散，开采困难，技术难度大，成本很高。农村市场的启动会是一个漫长的过程，初期的投入就像在大海里面投入一颗石子，波澜不惊是必然的。面对这个有着中国特色的“农村蛋糕”，细嚼慢咽小心吃是上策，否则不仅会吃出玻璃石头，甚至会吃出“地雷”来！

在开拓农村市场时，厂家的战略能否准确很重要！当大家都在喊农村潜力巨大的时候，当大家在轰轰烈烈地上山下乡的时候，当大家都在大张旗鼓地进山剿匪的时候，厂家必须明白：**到农村干什么？到农村自己能做什么？**

在全球消费严重不足的背景下，厂家可能是在食物紧缺的背景下被迫去吃农村市场这个又硬又难咽的“黑面包”，从阳春白雪变成下里巴人，从高级白领沦为蓝领苦力。在这个过程中，有的厂家被迫突然改型，有的厂家可能高瞻远瞩提早就做好了准备！在这场如火如荼的农村运动中，很多名牌产品就像是在城市里面长大的孩子，在农村不仅会五谷不分，连基本的赤脚走路都不会。所以营销人只有到农村去，深入了解农村市场的特殊性，深入体验生活，才能在这场战争中赢得胜利！

我们能够看到农村市场广阔的未来，但是，我们未必能预测未来的到来会在哪一天。或许今天很残酷，明天更残酷，但是我们坚信后天会更美好！只要在后天来临的时候我们还活着，这就是最大的胜利！

第六节　品牌短板如何弥补

一个企业，尤其是快消品企业，在产品制造初期时，最让人头痛的是产品本身。当企业度过这个时期，又会被品牌困扰。

一、问题之一

比如，消费者认同感不强，市场拉力不足等，作为一个弱势品牌，如何解决来自品牌的困扰呢?

(1) **大量投入广告**。在广告界有句名言:“不做广告等死,做广告找死。”弱势品牌在资金方面不会很充足,大量投入广告的可能性不大,何况,在广告日益泛滥的今天,广告的诚信已经陷入了危机。

(2) **变着花样的促销**。在市场上走一遭就会发现,很多企业的促销手段是绞尽脑汁,不仅在促销方式上,在促销品的选择上也下足了工夫。但是,往往是促一促,走一走,不促就不走。

(3) **低价降价来实惠**。价格是最有效的促销手段,但降价对企业而言就是“放血”,只要你有无穷的“血液”,可以多放或不停地放。但是,消费市场一旦认可你的低价,就会“成瘾”。一旦打开市场,企业几乎就没有提价的可能。

二、问题之二

广告不行,促销不行,降价也不行,弱势企业何去何从呢?

(1) **永远不要走捷径**。市场发展是有规律的,任何想突破这个规律的行为都会受到惩罚!任何一个品牌从上市到消费,再到习惯性消费都必须经历展示、认知、购买、认同等阶段,没有哪个产品能从展示阶段直接到适应认同阶段。企业在经营自己的品牌时,必须一步一步,脚踏实地地前进。

在展示阶段(上市期),企业要在有通路保证的前提下尽量扩大自己产品的售点,同时辅助以告之手段,如 POP 陈列等,尽最大努力刺激消费者的触觉。通过反复的刺激,配合以适当的终端促销,在促成消费者的首次尝试后，尽可能地获取消费市场的反馈，为改善产品提供信息。这些环节在具体执行中是复杂多变的，并且很难具体执行到位。为此，有些企业很可能省略一些环节，直接抄捷径前进，往往陷入首尾不能兼顾的境地。

（2）**永远不要相信经销商**。产品通过经销商进入市场是最省心省力的途径，把钱拿来，把货发到，企业就完成了任务。至于经销商如何将货物卖出，企业最多有建议权，甚至定价都由经销商来决定。往往是“逮”个大户，就“逮”个大市场，碰上个小户，企业也只能听天由命。

企业是站在经销商的后面来做市场，经销商成了企业“攻山头”的敢死队。企业对于“敢死队”的做法无非两条：

（1）“忽悠”他们向上冲，冲到山上有“宝藏”。

（2）现时现报，重赏之下必有勇夫。

无论哪个方式，企业都要付出高“利润”、高“回扣”的代价。

三、问题之三

不能走捷径，不能相信经销商，企业又该何去何从呢？

（1）**江山要靠自己打**！弱势企业是无法做全国市场的，那么做好几个县或1～2个地级市还是有可能的。将自己有限的资源聚集到几个市场上，精耕细作，总比撒豆成兵强得多。

消费市场都有从众心理，更有二八现象，即20%的人决定着80%的消费走向。企业只要紧紧抓住这些消费领袖的习惯，去引导他们向自己的产品靠拢，那么距离市场目标就越来越近。

近年来“徽酒”的“盘中盘”就足够说明这一点。就白酒而言，一个县级市的县城中，无非也就1～2000个左右的售点。只要加派3～5名专业业务人员，按照专业流程拜访，并辅以专业考核，企业可以自己来完成“攻山头”的任务。而经销商充当“地方部队”打扫战场，占领阵地。那么企业不仅能充分接触消费市场，更重要的是在攻击阵形中变换了角色，避免了经销商“店大欺主”的尴尬！

（2）靠得越近越牢固！ 生产的目的是赢利，赢利的手段靠营销，营销的过程就是满足消费市场的需求。企业与消费市场的联系不能单纯依靠通路连接。依靠通路作战，必须建立在满足通路利益基础上。

与消费市场隔了一扇门，在信息传递上难免失真，推出新品时就会靠感觉。当产品不能适合消费者，只能迎合渠道利益的时候，往往都是短命产品。

如当前白酒行业流行的贴牌生产，很多白酒企业每年都要设计众多商标，更有甚者是根据经销商的数量来设计包装。从营销的定义上来讲，满足渠道的过程是不能称为营销的，即使能够成功，也会越做越累，甚至伤及自身，这是典型的懒汉做法。

四、问题之四

是否企业做好这些就可以了呢？不是！

企业在打江山的时候，必须有强大的执行力作保障，如何来打造自己的执行力呢？

（1）员工永远不做“希望”的，只做企业“考核”的。 打造企业执行力不能从员工的“自觉”入手，单纯强调个人修养与素质可能会起到一些作用，但却不是根本作用。企业必须有自己成熟的培训考核机制，在告诉员工怎么做的同时，用“考核”这个标杆衡量他们的行动，不断指导，不断修正使他们的工作向企业的目标靠拢。

（2）攻城略地，必须有“铁军”、“虎狼之师”来保证！能否打造一只营销铁军，这是众多企业梦寐以求的事情。没有一支过硬的“铁军”队伍作保障，即使有再强大的品牌支持，也只能是“嘴硬脚软”。治军之道，赏罚有道！企业在构建自己的营销系统时，必须从细节执行入手，把自己的销售队伍打造成“流水线”，让每个营销人员都成为流水线的一个环节，明确职责，细化指标，让目标在一点一滴中见功效！

（3）铁打的营盘，流水的兵！在军营之中，执行力最好的大多是新兵，老兵的作战经验丰富，但大多执行不到位。常说“初生牛犊不怕虎”，新人在创造执行方面有先天的优势。对于一个企业，基层营销人员必须保持流动，只进不出，或只出不进都不是好事情。这就要求企业必须有足够的培训力量和硬件保障，如岗位标准、拜访记录、客户资料等，不能因为人员的自然流失而手足无措。

大品牌是每个企业都向往的事情，做大品牌不是一朝一夕之事，更不是有钱做广告就可以。当一个企业把营销执行力打造成功的时候，其实，离大品牌也就不远了。如同足球比赛，品牌是“得势”，执行力就是“得分”，仅仅得势不得分的比赛是最尴尬的比赛，因为只有得分才能赢得比赛！

第四章　区域经理如何管理经销商

第一节 区域经理如何选择经销商

经销商的选择是每个市场主管的必修课，如何选择一个适合的、心仪的经销商更是每个主管梦寐以求的目标。但是在实际工作中，经销商天使与魔鬼并存的角色使人爱之深、恨之切。

经销商的选择余地很多时候与品牌强度成正比，品牌力强势的企业选择经销商的标准很高，就像高富帅选择的标准大多是白富美。弱势品牌往往是门槛很低，甚至别无选择。如何选择心仪的经销商，选择哪种类型的经销商是考验主管市场操盘的基本功之一。

对于经销商的分类，从不同的角度划分会有不同的分类方式。比如传统意义上，我们可以把经销商分为一批商、二批商、分区代理经销商、分品牌代理经销商、独家经销商、大经销商、小经销商等。

一、经销商分类之一

（一）专业型

与企业同在一个行业的经销商就是专业型经销商。专业型经销商的优点是有稳定的网络、客情，驾轻就熟拿来就用；缺点是他们大都是竞品的经销商。

弱势品牌进入一个空白市场缺乏的是市场层面的支撑，故而在开发市场的时候，如果没有强势专业的经销商支撑，将很难开展业务。如果能借道行军，利用竞品渠道铺货则是一条捷径，事半功倍！

如何利用专业型经销商借道行军，如何利用竞品网络实现本品铺货？渠道策反分销七式。

（1）找。寻找目标经销商，建立当区目标经销商详细资料，为策反渠道提供地图索引。

（2）分。分析这些目标经销商的经营能力及特点，包括资金、仓储、运力、人员、社会关系、擅长渠道、经营产品的价格层次，并将这些客户分类，寻找与本品匹配的目标渠道。

（3）谈。目标经销商的谈判要本着先难后易的原则，不能一次拒绝就放弃。谈判之前要准备好话术。

（4）诱。经销商的盈利欲望是天生的，更是无限的，但是他们渴望盈利的方式是稳定安全的！对新产品的高价差，专业型经销商很清楚这是个美丽的陷阱，因而业务人员单纯以价格、价差等“钱景”来诱惑目标经销商，往往是徒劳的。

所以在空白市场推广动作的目标很大程度上是针对渠道，而非越过渠道针对消费者。消费市场的成熟前提必须是渠道的成熟，能让心仪的经销商心动的要素是感知到本品将要流行的各种信息。比如，市区核心网点的铺货率提升、形象店形象街的建立、局部区域的强势提升等。

（5）打。经销商的盈利是靠网点来实现的，故而网点的掌控就是经销商的七寸所在。列出目标经销商的下辖网点之后，进行有计划的进攻，边打边谈。

（6）锁。利用倒推方式做渠道，利用个性化的终端政策，对终端施行压货、陈列、包量、专卖等锁定政策，从而提升本品在该经销商销量中的比例，逐步由混销转为主销、专销甚至专营。

（7）唯。稳定客户利润，保证价格体系，做到单店（区域）内供货商只有一个，杜绝交叉送货。

（二）非专业型

非专业型经销商由于对该行业不熟悉，也就是通常说的外行。

由于这些经销商是外行，在寻找品牌的欲望上很强，创业初期的积极性也很高。寻找非专业型经销商的难度低、概率大，一旦能寻找到一个“钱多人傻”的经销商，主管往往是如同中了彩票一样大呼过瘾，因为在合作初期经销商的财大气粗会让发货量不成问题。但是三板斧过后，这些经销商大多会垂头丧气，要么是铺货受阻、流转不开、销量不大，要么就是吃不了苦、耐不住寂寞。

寻找一个非专业型客户不难，如何让这些经销商活下来，是一个难题。

二、经销商分类之二

（一）夫妻型

两三个人，一两辆车就是这种类型经销商的真实写照，整个团队就是老板 + 老板娘，没有财务、库管，甚至没有账务。夫妻型经销商最合适的角色是二批商，如果有幸做到一批经销商，要经历从小到大的蜕变与磨砺。

在这个过程中，老板与老板娘的角色往往很微妙，以老板娘为主角的月亮型经销商做大做强的概率远远比以老板为主导的太阳型经销商小得多。月亮型经销商眼前只有“钱”，追求小富即可落袋为安；太阳型经销商看重的是“前”，敢于投入，善于捕捉机会，有利于做大做强。

夫妻型客户在市场开发初期便于多点开花，潜伏培育，在市场启动期间却经常成为发展的瓶颈，在车辆人员配备、服务体系支撑上会出现瓶颈。

（二）公司型经销商

公司型经销商管理相对正规，固定费用较高。此类经销商的差距，跨度很大，从年营业额几十万元到上亿元都有。

三、经销商分类之三

（一）直销型经销商

利用业务人员对于网点进行直供配送就是直销型经销商。对于厂家而言，直供型经销商能够提供扁平化渠道，缩短管理层级，保证配送服务，价格稳定。

特点一：重市场，轻销量。

此类经销商能利用直供网点的客情迅速铺货，产生动销；缺点是丢三落四，挑肥拣瘦，很难做到高密度全程覆盖。按照盘中盘的二八原则，这类经销商能够控制有利于市场培育的20%小盘网点，但是对走量的大盘网点却鞭长莫及。

特点二：重中高档，轻低档。

对于低档产品，此类经销商很难支撑，因为直供成本远远大于分销成本，故而价格差较大的中高档产品是他们青睐的对象。

特点三：重城市，轻农村。

农村市场的网点分散，配送成本高，产品价格低等让直供变得困难。尤其是对于三四级市场，县乡村三级结构的存在给擅长市区直供的经销商带来难以逾越的门槛。

（二）分销型经销商

所有销量靠二批商甚至三批商来实现的就是分销型经销商。

优点：能迅速组织二批商铺货放大销量。

缺点：重销量轻质量，重老品轻新品，重老市场轻新市场。此类客户大多是老化型客户，管理粗放、价盘不稳，市场起得快，落得也快。

（三）直分型经销商

一部分销量靠业务人员直供，另一部分销量靠二批商、三批商来完成。直分布局是这类经销商管理的要点。

直销控制的区域：市区核心网点、龙头店形象店。

分销控制的区域：乡镇村级网点、市区流通、中小餐饮店、特殊渠道等。

直分销型客户要本着直销做市场，分销做销量的原则，直分有度。

网点资源分配要掌握在厂家手里，一旦分销层面有问题，直供力量可以暂时取代该区域分销商。

四、经销商分类之四

（一）专营型经销商

专门经营本品不做其他任何品牌的经销商。从资金、人员、精力上，这些经销商都能全力以赴，避免在淡旺季时期发生“撞车”现象。此类经销商的推进与达成适用于根据地市场构建渠道壁垒，是经销商管理中的最高境界。

（二）专卖型经销商

客户经营多个品牌品类，此类经销商的推进与达成适用于根据地市场构建渠道壁垒。

（三）主卖型经销商

经营多个品牌，但是本品是主力。此类经销商适合在进攻型市场的渠道转化。

（四）混卖型经销商

经营多个品牌，兼卖本品。

五、经销商分类之五

（1）区域型经销商，在某个区域内经营本品的经销商。

经销商的区域设定是渠道管理的必备条件，否则不仅造成到处是砸价窜货现象，更会造成广种薄收，浪费资源。

很多厂家在某个区域内用棋盘格方式进行小区域定格配置经销商、分销商，优点在于聚焦开发，责任明确，开发速度快，便于网点服务与维护。缺点在于这些经销商必须是全能型经销商，不同类型的大小网点必须通吃。很多时候经销商吃力的一面就显现出来，擅长小网点的，不能支撑大网点；擅长酒店渠道的，不擅长商超门市，造成餐饮强流通弱，瘸腿走路。

（2）功能型经销商，对某个子品牌、品类有代理权的经销商，或者对于某类型的特殊渠道有代理权的客户。比如专业的 KA 大卖场配送商、夜场配送商，专业的夜市大排档配送商。

功能型经销商解决了区域型经销商吃偏食的弊端，对于特定的渠道或者消费层面有专业的服务。但是面对复杂的终端网点，不仅需要大量的功能型经销商，更重要的是这些经销商之间配送轨迹交错复杂，衔接上要么重叠，要么出现空档，管理上的难度可想而知。

经销商的选择没有最好，只有最合适，在不同的市场、不同的时期选择经销商的目的都是不一样的。所以从经销商的分类来看，我们会看到每个类型的经销商都有优劣之处。如何在不同市场、不同时期启动不同类型的经销商，进行渠道编制或者进行渠道梳理是主管市场操盘的最基本技能。

第二节　经销商内部管理提升实战模型

一、经销商在考核及管理中遇到的难题

（1）业务员都是老员工，管理上都是人性化管理，没有制订太多的制度，有的员工处罚不好执行。

（2）旺季缺人员。

（3）没有过程指标考核，服务分销商人员业务功能欠缺（主要是送货）。直供网点太少，低于10%，要提高直供率，培养员工素质。

（4）对服务二批商的人没有进行考核，人员无市场开发能力，单纯是体力劳动。一直想对这批人进行考核，但人员有抵触，无市场开发能力还嫌太累工资低，准备换人，要提高员工能力素质。

（5）提成计算方法过于简单，对于某个单品的推进缺乏激励性，主要是因为很长时间都没有上过新品。

（6）区域和网点存在不均衡现象，业务员收入有差距。业务员的罚款不容易执行，人员流动性较大。

（7）送货人员更换频发，由于累且脏，当地人不愿意干。

（8）无法指定具体的考核指标，奖励容易，处罚困难。品种单一，只有高档酒，无法深入村级终端。

（9）旺季员工请假，忙不过来。

（10）员工工龄在1～3年的，时间长了不好管理。员工业务水平低，纪律性差，经常请假，有全勤奖但是对员工没有吸引力。

（11）确定自己的想法有没有可行性，销售额大，利润低，花费大，没有细分化费用投入及流向。

（12）白酒员工与啤酒员工工资收入相当，啤酒行业员工工作量大，离职率高。

（13）无法解决裁人的问题，工作效率低，服务差。

（14）几年前提出稳定员工的口号，但是稳定后老员工出现很多问题：①不拜访钉子户（对终端太了解）；②服务态度下降（产品卖得好了）；③不适应基础建设（广宣品布置，理货等动作不做）。

（15）工资问题，工作量问题。人员选择工作量低的工作。困惑：员工比较松散，制度不全，只从主观上了解员工是否工作努力。

（16）大锅饭工作管理已经运行很多年，人员更替导致送货管理出现困难。

二、经销商误入歧途的五个方面

（1）偷梁换柱。名牌康师傅挣钱绝对不如山寨康师娘多，那么就偷偷地卖康师娘赚外快。经销商的土地原来是要种谷子的，租户们很可能会偷偷种上高粱！

（2）自相残杀。把货送到人家的地盘，肯定会多挣几个钱。这个还不算完，干脆低价向人家区域冲货。

（3）**透支资源**。承包方永远考虑的是利益最大化，市场能否持续发展不是他们考虑的第一要素。截留、转移、改变促销、新品加价或甩卖，都是业务员惯用手法。

（4）**自立山头**。市场承包后，终端网点客情维护全部转移给了承包方，业务员不免有做老板的冲动。一旦机会成熟，业务员会吃着碗里的看着锅里的，自己找个品牌做老板。

（5）**坐吃山空**。经销商之所以能发包成功，往往是因为江山已经打下了，手头必然会有一支畅销产品在支撑，承包方正因为此才敢于承包。但由于各自为战，价盘逐步混乱，网点一点点丢失，加之竞品蚕食，优势会丧失殆尽。

三、经销商管理的四个阶段

对于经销商而言，提升内部管理有四个要经历的阶段。或者说，可以把经销商从管理角度分成四类。

经销商管理阶段之一：大锅饭阶段。

大锅饭的特点：

（1）干好干坏一个样，干与不干人人有份。

（2）夫妻店的特点，小微经销商专利，家族企业的特点。

核心问题：业务人员要么雇不起，要么留不住。

核心矛盾：分配制度，用人制度。

核心工具：财务体系。账目混乱，或者仅仅有个流水账，记账的目的不是管理，一些账目甚至记在手纸上。

大锅饭型客户的自检：

账目：截至今天的销售额、支出、盈余。

坏账：账期（增长的理由，下降的原因）。

忠告：盈亏不可怕，怕的是不知道赚在哪里，亏在何处！

大锅饭型客户改型的第一步：提成制！

经销商管理阶段之二：提成制阶段。

提成制：底薪 + 提成。

特点：多劳多得。

两个阶段：

（1）高底薪阶段：①实施初期；②新员工入职试用期。

（2）低底薪高提成阶段：①业务成熟；②人员成熟。

区域要固定，指标可在模拟实验成功后推进（防止收入变动太大，军心不稳），要开始考虑淡旺季指标或者提成预留。

提成方式：

（1）销售额提成（回款额），会导致老品依赖症。

（2）单品提成——分品种，分档次提成。

业务员的全部收入来自提成，前提是品牌稳定，区域固定，指标成熟，队伍稳定。

提成制的关键核心：财务支撑，指标设定，区域划分，品牌稳定。

经销商管理阶段之三：包干制。

小包干：人、车、费用。

关键点：指标。

大包干：人、车、费用、市场。

关键点：主权。

警惕：防止主权丧失，偷梁换柱，一地鸡毛！

经销商管理阶段之四：事业部。

释义：事业部制，就是按照所经营的事业，包括按产品、按地区、按顾客（市场）等来划分部门，设立若干事业部，也称为分公司

四个支撑：管理工具成熟、管理系统成熟、团队结构稳定、盈利模式稳定。

三个要素：相对独立的市场，相对独立的利益，相对独立的自主权。

第三节　改造“雇佣军”：精细化的提成与包干

经销商车销模式一旦管理成熟，可以导入“包干制”，也就是把车连同市场承包给手下，独立核算，经销商坐收“租金”。但前提是，经销商必须牢牢把握主动权，加强对承包方的管理。

一、懒散的“雇佣军”

（1）**干活捉迷藏**。早上，业务员与司机装完货带车出门后，几辆车聚到一块侃大山、打扑克，上午的活下午干，半天的活要全天干！

（2）**跑大放小**。大店要货量大，走量集中，业务员送货不是按照

街道逐一扫街送货拜访，而是根据经验或者电话订单，出门后带车直奔目标店，对还需要攻克的潜在网点或突然断货的网点，视而不见绕着走。

(3) **跑快不跑慢**。流转快的网点，成交概率大，客情也稳固，业务人员最喜欢光顾。流转慢的网点，要货量少，成交概率小，送货频率低，业务人员碰壁次数多，客情不稳固，干脆睁眼闭眼擦“店”而过。

(4) **跳店漏店**。拜访中丢三落四是车销模式的家常饭。虽然业务员跟车送货，但方向盘在司机手里，司机车速一快，或者业务员一走神，目标网点就一闪而过，大车掉头太麻烦，为此错过了不少销售机会。

(5) **效率低成本高**。正在城东送货，城西的网点来电话要货，于是驱车几十里赶到，把货送下，再驱车回城西送货，来回几十公里，送货车成了观光旅游车。

(6) **广种薄收**。新品铺货的时候，厂家支持加上业务人员提成激励，铺货成功几百家。两个月后，有效流转的网点仅剩几十家。到店里看看，首次铺货的产品要么早已卖光，网点老板一肚子牢骚，要么就是产品在仓库中布满了灰尘。

(7) **老品依赖症**。经销商隆重召开了新品铺货动员会，会上苦口婆心，会下信誓旦旦，可结果却不理想。为什么？因为老品送货简单，回款容易，不费口舌，也不用挨家挨户地碰运气。

(8) **干私活、套费用、截留促销**。业务员耍手段的方法无穷无尽，即使经销商发现了，有时候还敢怒不敢言，因为人家是主力业务啊！

(9) **提成制：祸根改造**。以上问题的根源在于经销商常用的提成制度。底薪占据业务员半数以上的收入，只要出勤足够，底薪保障没问题；畅销品提成占据业务员收入的另外一半，由于有畅销老品保障，大家闭着眼睛干活拿到的工资也相差不多，干多干少一个样。

二、用好考核“指挥旗”

对于经销商而言，想改进现状并不困难，首先要用好考核这个“指挥旗”。

（1）**初期提成模式：**底薪+营业额提成。这是经销商业务队伍初建时最常用的方法，不再赘述。

（2）**中级提成模式：**底薪+品类提成+新品专案。当经销商的人员稳定后，如果底薪比例较高，必然会养懒人，吃大锅饭，而且会产生老品依赖症等。此时经销商要及时导入分品类提成，提高新品的提成比例，引导业务员关注新品推进。

在新品推进中，新品提成大多是在月底才能在工资中体现，经销商可以考虑追加“新品专案+每周（每日）品类提成”的发放方法。比如把各个业务员每周或每天新品达成的结果统计出来，换算成奖金，本周或当日公开兑现。

（3）**高级提成模式：**营业额提成+品类提成+业绩提升奖励。在这种经销商提成考核中，提成部分占业务人员收入的主体。随之，经销商需要设立业务员年度业绩成长提成，追加1000元奖金奖励月度业绩提升最快的前几名业务，追加2000元奖励半年业绩提升最快的前几名……手法多样，奖励到位，激发业务员的积极性，明确奖励标准，天天考核，让每一个人都有进步的动力。

在经销商车销模式下，司机与业务员是一个作战单位，如果没有统一的协调动作，效率低下的同时也会增加内耗。经销商在设定考核指标时，要考虑这个作战单位的整体性。比如，明确两人的上下级关系，把司机的工资与业务员工资挂钩，司机工资高低取决于业务员工资的多少。

（4）从提成制到包干制。但是，经销商在实施高级提成模式后，并不能全部解决开篇提到的症状问题，比如，油料浪费、效率不高等问题。一旦经销商管理成熟，可以导入“包干制”，也就是把车连同市场承包给手下，独立核算，经销商只是坐拥仓库，负责与厂家对接，坐收“租金”。这样既避免了“儿花爷钱心不疼”，也能让他们明白“人勤地不懒”、有付出才有回报的道理！

但前提是，经销商必须牢牢把握主动权，不把市场权力全部下放，更不将业务人员转换为“占山大王”，加强对承包方的管理。

所以，要上包干制，需要做好三个准备。

三、做好三个准备

（1）要有成熟的财务信息系统。当日、当月数据能及时准确地分类体现。成熟的财务信息系统，就是要算细账。

（2）有严格的区域划分。经销商初期管理大多是“土匪式”，大手一挥，业务人员四散而去，城东城西不分你我，首轮铺货之后是先打别人后打自己，你抢了我的饭碗，我争了你的地盘，几辆车满天飞，赚的钱还不够汽油钱！

区域划分之后，不仅能解决这些烦恼，关键是经销商能让自己的手下八仙过海，各显神通。

（3）**不仅关注产品提成，更要注意服务部分的考核。**比如，在啤酒行业，啤酒瓶回收占据着业务流程中的一个重要位置。如果经销商不在回瓶环节上下功夫，就会出现“一锤子买卖”。终端接货了，要么瓶子没人要，要么就是卖玻璃废品。如果经销商在业务员回瓶提成上设置不当，也会出现业务员只送货不回瓶的问题。终端客诉不断增加，网点一点点丢失，销量必然下降。

第四节　中小酒类经销商内部管理八看

我们可以看到经销商大多长年奋斗在一线，有点像山头土匪式的“武将”。很多中小经销商都是无所不能的：送货、回款、谈判、发货、卸货……什么都能干，一个能顶N个，是一不怕苦，二不怕累的“模范”。就算厂家来一车十几吨的货，夫妻二人能一口气卸完后再去送货。而且有太多的经销商似乎掉在“钱眼”中出不来，生意小的时候，雇不起人，只好自己干。生意大了，不舍得雇人，即使雇人来了也只喜欢干活不吃饭的“机器型”业务人员，后果就是雇来了，留不住。中小经销商如何提升经营层次，不仅仅看他的机遇环境，更要看他在业务团队管理上“灵气”。

一看：车销拜访

经销商作战单元的构成大多是“1+2”模式，也就是一辆车两个人，司机业务各一个，这就是标准的车销模式。

那么什么是拜访模式呢？也就是“1+1”模式，业务人员骑车单独拜访终端网点拿订单，司机开车按照订单送货。

车销模式的优点是管理简单，当场成交；弊端是业务人员跑大店（流转好的店）不跑小店（流转不好店），经常漏店跳店，漫天撒网广种薄收，效率低成本高。

拜访模式的优点是按照片区开发，操作细腻，拜访无孔不入，配送精准成本低。弊端是业务队伍管理难度大，猫捉老鼠的游戏天天进行。一旦业务队伍松懈，订单产出低，管理就会出问题。

二看：业务流程

所谓业务流程就是看经销商的内部管理流程，从入库发货、出货回款，到财务管理，有完整流程。很多中小经销商是“老板+老板娘”模式，或者是“老板+老板娘+老板娘的娘”模式（丈母娘或亲戚）。更有一些老板是“悟空型”，上天入地无所不能，库管财务送货谈判，甚至自己装卸。此类经销商大多是在创业初期，结果往往是累死累活，即使赚个辛苦钱，也是“肉烂在锅里”，只知道赚钱或者赔钱，却不知道赚在哪里，赔在何处。

三看：工资结构

绝大多数的经销商业务员工资是按照“底薪＋提成”的模式发放的。只要出勤足够，底薪保障没问题。要害在于提成部分，很多经销商是按照营业额来计算提成的，即营业额×提成系数＝工资。

这种模式在执行初期，如果系数设置得当，业务员能看得到并且能够拿得到这个提成，对于促进业务是有好处的。但是时间一长，经销商就会发现：业务员只卖老品、畅销品，对于新品或非畅销品一概不问，甚至业务员为了完成营业额会在价格促销甚至回款上做文章。

对于经销商而言，必须把业务人员考核模式提升到管理高度，考核是经销商手中的“指挥旗”，大旗所指就是业务人员进攻的方向。对于考核指标，业务人员“上有政策下有对策”的心态是很正常的，但是经销商必须“道高一尺魔高一丈”。

比如，经销商在发现“底薪＋提成”的考核模式不灵之后，可以推出分品类设定指标的考核方法，更可以结合自己的新品，采取“专案”提成，设定卖一箱新品提成系数，变月度提成为当天兑现。不断微调考核指标，让业务员的眼睛盯着提成工资的同时，让自己的经营重点随着指标的改变而得以改变。

四看：区域划分

经销商初期管理大多是“土匪式”的。在山头上，经销商大手一挥："兄弟们，山下是美酒和财宝，你们去吧！"于是一群业务四散而去，打打杀杀吃肉喝汤！城东城西不分你我，铺完货回来就自己人打架，你抢了我的饭碗，我争了你的地盘，几辆车满天飞，赚的钱还不够汽油钱。

而采取区域划分管理之后，不仅能解决上述烦恼，关键是经销商能让自己的手下八仙过海各显神通。当局部市场出现问题后能及时发现并弥补，经销商能够掌握业务队伍上的资源调配。

五看：考核结果

到月底了，经销商给手下发工资，问："张三，你发了多少钱啊？"张三："1860 元。"问："你知道这些工资是怎么来的吗？"张三："不知道啊！"这就是财务体系混乱的问题。

如果经销商公司也能够制订透明的财务体系及流程，就可以解决此问题，可以让员工清楚明白，且踏实稳定，全心全意地工作。比如张三回答："这个月我的底薪是 900 元，加上销售额提成 360 元，卖新产品 2000 件，提成 700 元，汽油费超标扣罚 100 元。"这才是最理想的状态。

六看：提成导向

经销商在业务队伍不成熟的时候，提成制管理是常用的手段。一旦经销商的管理成熟，大多是采用"包干制"，也就是把车连同市场承包给手下，经销商只坐拥仓库，只负责与厂家联络。

在提成制模式下，中小经销商因为管理系统过于简单，有本流水账就已经不错了，在数据汇总和信息传递上困难重重，设定提成系数大多是靠经验。考核模式几年不变，往往会造成业务人员干多干少一个样。业务人员在仓库看着是兢兢业业，尽心尽力，出门之后就玩捉迷藏，甚至会开车干私活，抽空去网吧，聚众打麻将等，经销商反而被蒙在鼓里，坐在家里听业务员诉苦：市场难啊，难于上青天！

这种现象的主要原因是经销商的“大锅饭”考核机制造成。底薪占据业务员半数以上的收入，畅销品提成占据业务员工资的另外一半，大家一团和气，互相之间的工资差不多，由于有畅销老品保障，大家闭着眼睛也能拿到差不多的工资，也用不着操很多的心，受太多的累！

经销商的初期提成模式可以为“底薪+营业额提成”；中级提成模式为“底薪+品类提成+新品专案”；高级提成模式为“营业额提成+品类提成+业绩提升提成”。比如，经销商设立业务员年度业绩成长提成，追加1000元奖金奖励年度业绩提升最快的前几名业务，或者奖励本月比上月提升最快的前几名业务等等。只要手法多样，奖励到位，提高业务员的积极性，明确奖励标准，天天考核，让每一个人都有进步的要求，这支队伍一定会是很棒的业务队伍。

七看：回瓶提成

对于啤酒类经销商都深知啤酒在物流上的笨重低价值特点，关键是啤酒瓶回收占据着业务流程中的一个重要位置，如果经销商不在回瓶环节上下功夫，就会出现“一锤子买卖”，终端接货了，但是瓶子要么没人要，要么就是卖玻璃废品的几分钱一只瓶子的现象。如果经销商在业务员回瓶提成上设置不当，也会出现业务员只送货不回瓶的问题，终端客诉不断增加，网点一点点丢失，销量必然出问题。

八看：司机业务工资构成

在经销商“1+2”业务模式下，司机与业务员是一个作战单位，更像一条绳上的两个蚂蚱，如果没有统一的协调动作，效率低下的同时会出现不断的内耗。经销商在设定考核指标的时候，要考虑这个作战单位的整体性，明确两人的上下级关系的同时，把司机的工资与业务工资挂钩，也就是说司机工资高低取决于业务员工资的多少。

对于经销商业务员来说，即使老板每天早上揪着他们的耳朵大叫“给我好好卖酒”，他们也会在出门后当耳旁风。因为，经销商业务员没人愿意做“希望的”，他们只愿意做考核的。因为只有考核，才能决定他们的收入。所以经销商必须在内部考核体系上下功夫，力求通过内部管理力的提升，实现市场竞争力的提升。

通过这八个维度，你就能清晰地看出一个经销商的管理水平及能力。

经销商业务员的八种现象+看一个经销商的八个维度=经销商的内部管理体检报告!

第五章　深度分销怎么了

第一节　深度分销的死亡真相

深度分销在目前已经成为精耕细作的代名词。很多厂家在导入这种“精耕”模式时，往往陷入“精耕不精”的迷局：人多了，业绩却没有长；标准多了，管理却下来了；精耕了却不能细作，丰产了却未必丰收……这到底是怎么回事？

一、企业层面：打桩不牢

当前，很多专家或企业在抱怨深度分销系统，如果有人说“深度分销没有问题”，可能有人马上扔“板砖”。但是，手持相同拳谱的一对同门师兄，决斗时依然能分胜负，是何原因呢？

内功不同！对企业而言，“内功”不见得多么高深，或许只是马步打桩的基本功。事实上，正是一些常见的一线“小问题”，才是企业普遍视为“头痛而又无奈”的共性难题。

（1）**效率不高**。一个区域有上百家的空白终端，业代在拜访中会不断受到“闭门羹”打击，四处碰壁，无处下手，看着任务压力越来越重，却只能望洋兴叹。在一个新进入的区域，缺乏企业品牌或渠道拉动力的托底，仅靠基层业代支撑市场，只能是以头撞墙。

（2）**腻烦心理严重**。由于对终端的拜访频率通常是一周一次，业代的拜访动作重复、枯燥，且日复一日、年复一年。在缺乏激情的情况下，业代只是例行公事、应付工作，不仅无法快速提升业绩，拜访的积极性和自信心也会受到打击。尤其是成熟市场，当业代几乎遇不到对手时，工作机械单调，疏于战事，新品推广不及时。

（3）**猫捉老鼠**。在日常工作中，业代为应付检查，通常都具有一定的“捉迷藏”、“反侦探”本领，甚至造假表假单、虚报数字等。新主管与老业代搭班子，或者主管不称职，是造成此类现象的关键。

（4）**虚假繁荣**。在一些分支机构，早会严格、口号响亮、表单整齐、数据漂亮、主管信誓旦旦……好一片管理严格、执行到位的繁荣景象。而深入一线后你才会发现，这里竞品猖獗、造假成风，甚至连铺货率都是假的。这种现象常见于总部“稽核工事”浮漂、销量考核第一的企业。

（5）**费用失控**。对于实现通路精耕的企业，一般都采用“促销分离”的手段。终端促销一般由企业执行，而且费用年年增高却不见份额年年长进。这是依赖线路、弱化渠道，单纯靠线路做市场的结果。

（6）**孤军深入**。分支机构与经销商配合不力，促销活动时得不到经销商的全力支持。促销过后，客诉成堆，不是促销不能及时兑付，就是配送不到位。企业与经销商互相指责，矛盾逐步升级，反目为仇。

（7）**主劳臣逸**。厂家逐步削弱了经销商的功能，厂家对定单过分依赖，陷入“定单”泥潭当中无法自拔。

（8）**基层人员走马观花**。“耕而不精”的时间长了，随着业绩的滑落，业代再也找不到拜访的信心和兴趣了，于是纷纷跳槽。而企业认为是“这一批业代的素质太差”，于是拆东墙补西墙，一边要招“更有素质”的业代，导致薪资成本、培训成本大增；一边是基层管理干部不稳定，导致系统执行不连贯。最后，两处豁口逐渐形成恶性循环。

二、主管层面：一将无能，累死千军

一个合格的线路主管不仅要会“打仗”，更要会“带兵”，否则就会出现“一将无能，累死千军”的惨剧。

分支机构作为企业营销管理的支点，能否拥有一批合格的线路主管，是企业精耕战略落地的保障。

（1）空降型主管。

这在很多企业的前线都能看到，今天还是王主管，明天就换成了李主管，管理上风格各异，管理自然不连续。而且，很多企业的主管依赖“空降”，这部分人带来其他企业文化的同时，也扰乱了本企业的自身管理文化。分支机构不大，却是“多国”部队。

（2）销量型主管。

线路管理体现的是过程管理，而企业在考核上侧重销量导向。主管为了完成销量，必然侧重与销量有关的市场动作，最典型的就是在渠道上“压货、压货、再压货”。而业代在线路上的很多动作是与销量没有直接关系的，所以这样的动作不干也罢！主管长时间不关注，线路溃不成军。

（3）报表型主管。

每天或每周主管都要向上级汇报各项数据，比如开户数、铺货率等。

主管认为这是上头下派的工作，而不是为己所用的工具。比如，他从不把铺货率变化作为依据来分析市场，就像一个不会看“地图”的连长，摸黑打仗，指挥全凭感觉。要完成精确推广本品、精准打击竞品的目标，只能是异想天开。

（4）感觉型主管。

有着60%的整体铺货率，却只有不足20%的市场份额，这在一些区域市场是很典型的例子。本来是推一个中档新品，结果把产品大多铺进了鸡毛店、杂货铺，如同把茅台铺进路边小餐馆，自然不能产生销量！

渠道布局决定着产品流转的效率。很多市场主管在产品推进过程中，往往是跟着感觉走，产品铺到哪些渠道不得而知，结果是产品放到过期，市场久攻不下。

（5）懦弱型主管。

产品秩序的保障程度，往往与主管的性格强度成正比。一个敢于管理的主管，不会对混乱的价格秩序坐视不管，也不会墨守成规、一成不变。

产品价格秩序是产品生命力和通路利润的基本保障，而产品在渠道中的流向决定了价格秩序的稳定程度。

（6）政绩型主管。

政绩型主管的特点在于：管线路而不管市场，管领导而不管兵。一旦领导来了，主管忙着设“埋伏圈”，尽力把大员引到事先准备好的线路中去，花团锦簇，一团和气，风光无限。

（7）幻想型主管。

很多线路主管都是埋头于“案头作业”，每天在办公室召开早会、统计报表、电话沟通等。这些彻头彻尾的办公室“白领”，他们绞尽脑汁想出的“绝妙”促销方案看上去漂亮，结果却是一无用处。

上述现象林林总总，在很多企业的一线都能找到对号入座者，正是这些“绵羊型”的主管，造成即使企业拥有一帮“狮子”般的业代，也只能事倍功半。

一条线路跑了三个月，店主还不知道业代的名字，由此可判断这个业代的拜访效率一定不高。因此，线路主管在巡检时只需问一声：“老板，知道我们业务员名字吗？”

员工永远不做希望的，只做考核的！一旦把客情列入考核点，业代就会千方百计地让店主记住自己的名字。

三、业代层面：无效拜访知多少

一个包，几张表，一摞 POP，每天按照固定区域对目标终端逐一拜访……这是每天穿梭在城市大街小巷线路业代的共同形象。他们就是推行深度分销企业的“神经末梢”，承载着企业终端作战的战略意图。

而这些“神经末梢”普遍正在做着什么事情呢？多数是重复着“抄电表”的工作：到店内打个招呼，转一圈就走，甚至骑着车在店门口喊一声“老板要货吗”，听到“不要货”的回答后，立马走人。

如果企业陷入了精耕泥潭，那么一定是这些“神经末梢”出了问题。

（一）业代造假

每天的表单作业是线路人员的基本功。他们每天在外流动作业，很容易出现不填表、乱填表甚至假单假表现象。一旦表单不实，整个线路管理将出现“千里之堤毁于表格”的恶果！

假单假表的几个常见现象：

（1）拜访时间造假。拜访时间是保证业代线路作业质量的根本，拜访时间必须是一店一填。很多业代在拜访完线路之后或利用午饭时间乱填一气，线路手册这架“摄像机”就如同处于关机状态，成了一个昂贵的摆设。

（2）定单达成造假。业代为了完成主管下达的推进指标而造假定单。比如定单上反映达成新品开店一家，定单传到经销商那里，送货时却发现终端拒绝要货。此类“废定单”，主管往往一笑而过，甚至定单是否达成配送也一概不知，业绩统计表上却反映出该业代新品达成一家。于是，更多的业代开始钻空子，这边敷衍了事，那边享受生活。

（3）库存统计造假。终端库存统计的作用在于分析本品和竞品的产品状态，及时获取终端流速信息，并辅助制订终端产出数量等基础资料。当然，它又是一个比较麻烦、需要耐心的动作，比如到了一个便利店，一种商品有多个品种和多个竞品同时存在，货架上、货架下甚至桌子底下也堆满了产品。很多业代精于此道，眼睛一扫，凭感觉出个数字，填上完事。

此外还有理货动作造假、客诉处理造假等，不一而足。

在很多企业，这些“造假”行为往往是一种风气，主管等基层人员大多“熟视无睹”，却很容易成为系统坏死的根源。别无他法，只有“斩不赦”的军规，才能防患于未然。

（二）客情缺失

业代的所有终端动作都是以客情为基础的，没有客情做后盾，业代将会举步维艰。比如，一个新业代到店内理货，结果被店主赶了出来：“我又不认识你，你在我店里搬来搬去，想干吗?”

终端客情的推进是一个渐进过程，也是有标准可以衡量的。

第一阶段：无话可说。业代细声细气地自我介绍之后，看到老板头也不抬地“哦”了一声，再也无话可说。

第二阶段：只说官话。很多业代把“话术”背得滚瓜烂熟，看到老板就连发射出。一番“狂哄乱炸”之后，老板迷茫地问：“您想买点什么?”

第三阶段：正常沟通。与终端只是简单的业务关系，市场搞活动了，告诉老板一声；终端缺货了，老板说一声。大部分企业里所谓的“成熟业代”，正是处于这个阶段。

第四阶段：无话不说。一个高水平的业代能够在短时间内获得店主的信任，业绩自然会突飞猛进，而这种信任的结果就是超出业务范围，彼此之间能够以朋相待。

在终端客情推进中，企业只需把握两点：

（1）师傅领进“破冰”门：企业为业代做出标准的拜访流程，建立一线话术数据库，对于店主的各种应答进行预答，并组织业代模拟演练，熟练掌握。

（2）重点考核店主能否叫出业代的名字。由于各厂家的业代都在走马观花地拜访，大多店主只能模糊地说出哪个厂家、哪个产品，甚至用产品名来叫业务员的名字。

一条线路跑了三个月，店主还不知道业代的名字，这个业代的拜访效率一定不高。线路主管在巡检时只需问一声："老板，知道我们业务员名字吗?"

员工永远不做希望的，只做考核的！一旦把客情列入考核点，业代就会千方百计地让店主记住自己的名字。比如："老板，我是××厂家的业务员，我叫伊小虎，伊拉克的伊，您要记不住，就叫我'伊拉克老虎'吧！"店主哈哈大笑，从此记住业代名字。

（三）动口不动手

当前企业的竞争已经转向终端争夺的白热化，销量与网点数量有着正比关系。生动化执行是终端作战能力的一个表现，也是业代的一项基本功。

一个合格的线路业代必须经历"三泡"阶段：嘴上起泡，脚上起泡，更要手上起泡（生动化执行和理货动作）。

企业对终端的掌控能力，不取决于有多少人在拜访终端，而取决于拜访质量的达成、生动化的执行。总部（办事处）要制订详细的生动化执行细则，指导业代按照标准推进，并跟进标准达成进行检核打分，并与业代的绩效挂钩。

把竞品赶下货架，就能把竞品赶出市场。如何保持本品在终端的竞争力，基本动作就是业代扎实的理货动作，让自己的产品从竞品的海洋中“跳”出来，并尽可能地对竞品形成压制。

在执行这项工作时，要注意生动化原则：让自己的产品能看得到、买得到、听得到，让对手的产品看不到、买不到、听不到，从而让自己的产品被消费者“想得到”。

总之，企业在深度分销上“摔跟头”的原因，大多是关注战略，不关注一线执行。事实上，深度分销的得失大多不在其本身，而在于企业的基础管理，这是一个从量变到质变的过程。打造出有战斗力的作战单元，企业才能避免陷入“耕而不精”甚至“伪精耕”的陷阱。

第二节　破解“耕而不精”

思考：

(1) 通路精耕、精耕细作、深度分销……当前已经是很多的企业营销系统的代名词了。但是，“精耕”了就能“细作”吗？

(2) 精耕，到永远吗？渠道，要继续弱化吗？定单，必须是企业来全部拿吗？

(3) 执行力是企业管理的基本保障系统，但是，什么是真正的执行力呢？

(4) 客情是人际关系的一种，对于企业管理而言是软指标。在企业营销系统考核中，销量、费用、铺货率、生动化陈列等指标都可以具体量化考核。但是对于客情这样的“软”指标，企业往往是束手无策。如何对“客情管理”进行系统的解决呢？

当前，越来越多的快消品企业开始导入深度分销。在实施通路精耕的快销品企业，面对几万、几十万的终端，成百上千的业代，背负着高昂的“精耕”成本。

线路拜访是通路精耕的基础，但是线路拜访中“耕而不精”的现象却经常出现。很多人会认为是企业考核系统出了问题，也就是说执行力有问题。虽然，加强执行力对于解决线路拜访中的“耕而不精”是个不错的选择，但是，执行力必须是建立在明确“行军路线”基础上的。路线不明的执行力会出现“一将无能，累死全军”的惨剧，执行力打造的前提是“知道怎么执行”。

此外，单纯从加强考核入手过分强调执行力，就像地主“皮鞭”下的执行力，结果会是消极怠工，甚至会“武装起义”。

在实际市场运作中，以开发市场为例，企业在进入市场时，大多采用以下方式：

（1）强势品牌一般采用配合公司的空中支持（广告），利用通路力量集中铺货。在迅速提高铺货率后，派驻线路人员进行巩固拜访。

（2）弱势品牌在没有广告支持的情况下，一般采用派驻线路人员。在依靠通路支持的基础上，线路人员做渗透式拜访。

于是，终端拜访就成了业代每天必修的功课。在实际终端拜访中，虽然有早会、表单作业、指标检核、业绩考核等管理手段，但是一些业代面对每天线路手册上的几十家店，往往在出发之前就处于茫然状态。不知道当天拜访的主题与目的，很多业代为了完成本日的拜访，例行执行，甚至应付、造假，如同失去动力传送的驱动轴，在不产生任何功能的情况下进行“滑轮”运转——“耕而不精”！

在“渗透市场”中，面对一个新开发的市场，“耕而不精”的现象更容易发生。

在实际中接触到一个案例，一个导入了深度分销系统近两年的酒类企业，在局部市场成长中遇到了“麻烦”。

(1) 在渗透拜访中，企业的一些成长市场存在“耕而不精，只开花不结果”(企业老总语) 的问题。

(2) 企业在强化检核，提高执行力等方面下了很大功夫，加大了奖罚力度，但是整体效果不明显。

(3) 出现了大量的人员跳槽现象，包括企业重点培训的一些业务骨干。

(4) 个别区域经销商开始减少自己的业务员数量，仅仅保留送货人员，几乎完全依赖企业定单。

在日常管理中，虽然该公司驻地机构就铺货率等数据做了细致分解和考核，但是，很多分解和考核是关于数据的奖罚，很少关于业务指导或终端政策跟进，“精耕”却不能“细作”。很多业代在经过多个周期的拜访后，出现了一些“客情错位或缺失”问题，主要表现在：

(1) 与业代协同拜访时，发现业代与个别空白店人员的关系相处很好，能互相开玩笑，甚至用“别名”打招呼。

(2) 通过检核会发现：在一些终端，虽然吧台等人员认识线路业代，但是酒店老板却叫不出业代的名字，甚至连特征都描述不出来，更有很多空白店的老板不知道本品的价格、促销、要货渠道等。

(3) 业代在拜访空白店时，进店之前不知道拜访的目的，大多是为了完成拜访而拜访。甚至出现在门口停留一下，或转一圈就走的“一分钟拜访”。

(4) 业代不熟悉终端客诉程序和经销商配送标准，当出现“客诉”和“配送”不到位情况时，不知如何处理。

(5) 线路表单并未明确单店重点拜访对象。

同时在分支机构日常市场管理中，也出现了几个问题：

(1) 没有基本的渠道规划概念，仅仅强调“开店数”或“铺货率”，致使在推广新品时，大多集中在一些中小餐饮或微超，铺货目标的完成全靠业代个人能力和素质。

(2) 促销上采用全通路平行推进，餐饮和流通政策基本相同。

在业代的拜访线路中，有的店铺货率长时间不能得到有效提升。一些“碉堡”店已经经过数十次拜访，依然不能攻克。有的线路数据明显好于其他区域，整体表现不平均，“能人现象”很明显。

通过对多个市场线路的协同拜访，以及与一线人员的反复沟通，并详细查看线路拜访手册后，笔者指出如下几个问题：

一是没有细化终端管理，铺货率是开发市场的重要考核手段，但不是唯一手段。

二是终端客情未列入考核，使业代拜访处于“能人”状态（基础素质好的，业绩就好，反之，则弱）。主要表现在：终端客情形成处于自由发挥状态，没有准确的管理标准；客情形成之后，没有详细的推进标准，造成完成铺货率之后，不能形成单店最大产出。虽然跟进了一些基本的生动化陈列，但是一些终端店有铺货而不走货。

(3) 企业线路管理模块里面虽然有客情描述，但基本是作为技能培训部分，未列入基本考核。

线路拜访作为深度分销的基本模块，线路人员承载着客户管理、定（引）单传递、理货、陈列、POP、库存管理、促销执行等基本功能。他们是企业与市场最接近的一个环节，每天与终端打交道，如果没有“客情”做保障，就无法达到线路拜访的功效。

但是，客情作为一种人际关系，是“软指标”，不能进行正常衡量与考核。企业方就此提出“疑问”。

针对这个疑问，就企业线路拜访管理模块从“客情推进”的角度切入，依托原有的线路拜访管理基础，做一些模块改进。

一、终端分级管理

企业虽然有自己的分类标准，但是没有真正领会分类的目的。业务员虽然是按照公司统一标准执行，只是在线路手册上做了标注，仅此而已。

（一）终端分类

以酒店为例，一般按照 A、B、C 分类标准，进行终端的档次划分。在县级市场中，A 店是区域中具有重大影响的终端，除去 A 店，有五个包间或五个包间以上的终端为 B 店，其余的为 C 店，总体上，区域 A、B 店占区域所有终端的 40% 以上。

只有对终端进行准确的分类管理后，才能根据终端类别采取适当的促销方式，量体裁衣，看米下锅，设计出合理的终端“促销菜单”，促销菜单包括：

（1）小坎级引单铺货政策。

（2）二次引单铺货政策。

（3）混场协议销量促销政策。

（4）专场促销政策。

（5）样板店促销政策。

同时，为防止在促销上无节制投入，结合终端分类，阶段性地将“促销菜单”按比例细分到每个店。如在某段时间内，局部市场中 B 店的“专场”比例目标为 20%，达不到比例的要处罚，超过比例要向区域经理申请。通过对“促销菜单”的细化，逼迫当区主管自动对辖区市场做细致规划，解决促销年复一年投入，只开花不结果的问题。

针对促销设计上的全通路“水满金山”“战线过长”的弊病，在市场合理规划的基础上，做如下改进：

（1）单店突破，个性化推进，放弃平行推进打法，聚焦市场资源。

（2）集中促销，重点突破市场制高点，制订重点终端基础资料及开发计划，并明确具体完成时间，列入考核，督促完成，争取在局部市场形成自上而下的打压态势。

（二）终端分级

将终端分成 5 个级别进行管理。

目标店：计划开发的空白店。

铺货店：初次进货的终端店。

活跃店：产品正常流转的混场终端店。

协议店：根据“促销菜单”签订的定量混场或专场店。

样板店：区域内在形成的有局部影响的专场店。

根据上述标准，在线路手册上做详细分类标注，并进行阶段性目标推进考核管理，明确推进目标和时间，让业代在被考核中自觉地对所辖区域进行“渠道规划”。

二、关键人物识别与客情推进

关键人员：在C类店，一般是以夫妻店居多，习惯上是老板负责厨房，老板娘负责吧台。在A、B店，分工会细一些，尤其是A店，可能会细化到吧台、库管、采购、财务等。而这部分人员，有的对产品的进入有选择权和决定权，有的对产品进入后的流转速度有决定权和影响权。

根据终端分级管理标准，对应线路手册，制订业代终端客情推进标准，并做单店分级标注和早会标准客情推进描述，同时跟进指导与考核。根据“关键人员”在不同类别终端和“五级管理”中的阶段性作用，制订相应的考核标准。如在C店“铺货”时，不仅考核老板（娘）是否知晓业代的姓名、配送商经销权、拜访周期等，以及对于产品促销的理解，还要引导业代与终端的客情沟通，让业代明白在单店开发管理中如何阶段性地与终端形成“标准”客情。

三、制订有效拜访标准

在细化终端分级管理客情推进管理的同时，追加有效拜访标准与阶段性目标考核，强调拜访的“有效性”，推行每日（周）拜访计划管理。每日早会陈述本日有效拜访计划，以及昨日有效拜访落实情况；每周制订有效拜访计划，周末总结；对于拜访中的“空转”现象做有效的剔除，尽量发挥线路拜访的“有效”作用；规定每日“有效拜访”最低家数不低于20家（具体市场可适当调整）。

针对业代每天近60家的超额拜访量，尝试“跳店申报”制度，即不再实行每店必访制度，阶段性制订有效拜访达成目标，业代在完成目标时，可以按比例进行计划内“跳店”，但是需要早会预先书面提报。

四、“客诉”和“配送”

为实现终端客情的稳固性，从“客诉”和“配送”两个角度出发，解决业代线路拜访的后顾之忧。细化“客诉”处理程序，利用“返利”考核经销商的配送服务标准，制订经销商配送服务标准，根据经销商的车辆人员确定配送区域及终端数量，做到看菜下锅。避免终端因为“客诉”处理不及时，以及因为经销商配送不及时造成“矛盾”。

五、明确“引单”概念

改变经销商对于定单的长期“依赖”，明确“引单”概念。酒水行业不同于饮料行业，不是所有的销量都来自定单，在成熟市场中，线路拜访的作用主要为：

（1）向目标渠道进行新品推进 。

（2）终端理货、陈列生动化、促销执行。

（3）阻击竞品，了解市场价格，促销管理，数据监控等。

在成长市场中，线路拜访的主要功能在承担上述功能的同时，重点在于：

（1）引单。利用通路力量，引导经销商进行产品覆盖。

（2）二八布局。不是所有终端都必须拜访，否则企业的人力成本无法分摊。

（3）适可而止。线路拜访的目的是夺取市场制高点，夺取“规则制定权”，目标是成为当区领导品牌。全区域或全通路拜访的风险很大！

（4）企业要防止“主劳臣逸”。如果企业过分强调定单，过分弱化渠道，将会造成企业的“包袱”越来越重。

通过一系列的模块修改和微调，以客情管理为切入点，目的在于打造“明明白白”的执行力。

终端客情，作为业代线路拜访的基础，从表面现象来看，“客情”管理是“做得到”，却不是“说得到”，更不能“考核得到”。但是，没有“客情”的拜访是无效拜访、企业在市场精耕中，人力成本投入较大，如果不能让业代尽快与终端形成“有效的客情”，企业在这方面的投入效果将会大打折扣，反映到市场上，竞争力也不能得到强化。

围绕“客情管理”这条主线，通过一系列的模块改进，让“软指标”有了具体体现，并形成了具体的考核体系。如在目标店中，业代经过 3 个周期以上拜访后，如果“关键人员”仍然不知道本品的进店价格、促销政策等，则列入相应的扣分项。

于是，一个清晰市场“沙盘”摆在了面前，主旨在于将“客情管理”作为突破口，让业代拜访不只是停留在技能提高上，而是清晰地为他们划定了一条“行军路线”，让他们明白在拜访中是“向左走或是向右走”。同时，明确了拜访的目的是“引导”经销商参与市场，而非过多地代替经销商的功能。做到这些，“耕而不精”问题迎刃而解！

线路拜访在企业营销系统中就是一条流水线，个别“金牌”业代或“能人”业代，甚至个别大实力的经销商都不能解决整个流水线的效率问题。企业要提高这条“流水线”的效率，要从整体入手，保证优化系统的同时，尽量明确系统中各个环节的同步发展。管理业代不能靠“单兵作战”，要让业代明白自己工作方向的同时，跟进培训考核，用培训作为行动大旗，用考核作为行动标尺。同时，这条“流水线”需要不断维修改进，并适时升级换代，只有这样，线路拜访才能发挥出最大的作用。

在市场管理中，只有深入一线，从市场的最末梢入手，才能得到有效的东西。宏观管理，微观入手，一点一滴，脚踏实地地做市场，才能形成企业自己真正的执行力和竞争力！

第三节　深度分销变形记

一、深度分销仅仅是个战术体系

在中国，以超市、网络为代表的现代渠道带着强烈西式风格在城市市场上畅行无阻；以夫妻店为代表的传统渠道仍然盘根错节于庞大的县乡村市场。现代渠道以消费者为砝码换取了与厂家直接对话的机会，中间渠道（经销商）逐步失去了位置。这种西化的渠道特性使很多企业习惯了这种长传冲吊的直营打法，管理直接、反应迅速的直营渠道特性使众多的企业营销层产生幻觉：将厂家直管、直营进行到底！

于是以可口可乐为代表的美系打法强调系统作战，订单与配送独立操作，强调直营大于分销，痛恨二批商，擅长海陆空立体作战。这种美式打法曾经横行于以现代渠道为主导的城市市场，但是对于以夫妻店为代表的县乡村市场，美式打法在错综复杂的村镇巷战中失去了优势。

深度分销由此而风行，厂家上人，直控终端，这是多年来快消企业营销体系里面的不二打法。且不论人从哪里来，更不必说人是怎么流失的，仅仅从企业的市场布局上就能看到一个规律：销量与人数是正比关系！

整个快消品行业的营销历史实际就是深度分销的发展史，众多的大牌快消品企业都是以深度分销为营销作业体系迅速崛起。就企业而言，深度分销不过是一个战术体系。与军队的训练大纲无异，以攻击力为主要特色的深度分销体系强调微观上的作业能力。

作为战术体系，深度分销能够解决怎么打的问题，但是企业如果在战略体系上不能配套，必然导致“一将无能，累死千军”的局面！例如通过深度分销的战术攻击手法压制对手，利用资本的战略手段收购或拖垮对手，继而形成行业的话语权。

相反，如果仅仅利用战术手段在局部市场与对手纠缠，往往会陷入年年剿匪年年不倒的泥潭中。

二、一刀切下的深度分销死局

到企业去看看，打开企业的销量报表就会发现，很多在深度分销体系下支撑的销量占据企业总销量的80%～90%，甚至100%。到市场上去看一下，不管是什么类型的市场，分支机构管理模式及考核系统都是一个样。

除去深度分销体系，企业其他的武功尽失。做一个空白市场，一定要招兵买马，摆开阵势，架好系统，一切准备就绪才能进行作业。殊不知，深度是一个相对而言的概念，是建立在粗放基础上的。没有前期市场的培育铺垫，连个地方武装（客户）都找不见，正规军进入这个区域往往会陷入内无粮草、外无援兵的境地。

就此而言，深度分销体系在很多时候的作用是建立在前人粗放布局、跑马圈地的基础之上。

在导入深度分销体系之前，很多企业的营销体系是以广种薄收的客户代理为主，不停招商扩盘，扩大区域，形成稀薄的横向销量。这种横向销量给厂家带来第一桶销量，但是往往风险性极高，形不成聚焦销量，对于品牌的积累贡献不大！

在这个背景下，企业会运动式地导入深度分销系统，聚焦精耕去打造纵向销量的累加！这种导入往往是以运动式进行运作，铺天盖地做深度，一刀切抓执行。结果往往就是初期业绩井喷，后期业绩乏力。

原因何在？

（1）忽视边缘市场的培育，画地为牢，能聚焦但是不能扩盘！

（2）以销量论英雄，业绩以销量排排坐，却忘记了销量大的市场是建立在前人粗放的基础之上！

（3）把边缘弱势市场的销量等同于粮食，而不明白边缘销量是种子！

在企业的营销系统中也会出现众多的问题：

（1）在占有率较高的市场上，基层失去攻击目标，拜访效率不高，管理松散，办事处处于放羊状态。

（2）在占有率较低的市场上，基层面对动销压力，天天啃骨头，业代出门之前就底气不足。

（3）在企业品牌占有率有领先趋势的市场上，厂商配合不力，两张皮。

三、深度分销变形口诀：粗放无罪，精耕有度

在营销界，一提到粗放打法，很多时候会招来骂声一片。评价某个企业的营销体系，往往会说某个企业的营销做得不好，即做得不细，很粗！

对于企业来说，一定要知道，在哪里粗，在哪里细，什么时间粗，什么时间细！

不论多么强大的快消品企业，在市场布局的现实中不可能做到市场厚薄均匀！大多数企业的市场布局是强弱不均的蘑菇形布局特征，即以一个强势的市场为核心基地，向周边辐射相对弱势的市场。

这就如同鸡蛋的结构，以蛋黄为核心形成基地优势市场，只要特征

是高占有率、高覆盖率、高利润率；蛋清部分则为腹地市场，特点是竞争优势已经显现，但是不明显，占有率和覆盖率都有足够的提升空间，需要快速突破，这个区域的加速导致利润率不高。在外围边缘地带，会附着众多的销量不大的空白、半空白市场，如同蛋壳一般对企业的主力市场形成保护。这三类市场的特点是能够互相转换，企业通过不同的管理手法，使市场形成由弱变强的正向转换！

一个现实的问题就摆在面前：如果不能及时变形，深度分销系统就会在蛋黄市场里面折腾！在无处深耕，无法深度的市场上折腾只能是制造泡沫业绩！一些企业就会被一些假扁平、伪精耕困扰！

同样的道理，如果把深度分销体系应用在外围蛋壳市场，由于品牌力不足或者竞争环境恶劣，不适合大规模的兵团作战，劳师逸远！

由此而见，深度分销最适合的土壤是在蛋清市场！此类市场既有足够的容量空间，又有着茁壮成长的势头。此时利用深度分销的攻击威力，加上经销商的力量，两支部队协同作战，局部形成优势力量，将竞品驱逐出境，进而形成安定局势！

在优势市场上，深度分销系统“闲”得慌，在弱势市场上，深度分销系统“累”得慌！

优势市场上，厂家人员转换为督导体系，还原经销商本色，利用强势的话语权和盈利能力给予经销商以管理模板，用经销商的地方部队镇守。

在均势市场上，厂家集中火力开路，经销商跟进防守，利用深度分销细腻的下盘功夫把终端做扎实！当占有率、铺货率、利润率上升之后，逐步转化为基地市场。

第四节 深度分销 VS 大客户：在极端中走向灾难

一、革大客户的命催生“伪精耕”

只要提到“大客户”，我们往往联想到客大欺店的土财主。他们占山为王，欺压厂家，要挟业务，欲壑难填，故此但凡是大客户，往往被企业祭出“砍”旗！

“如果你的大客户现在还算听话，不要庆幸，那是因为他还不足够大！”很多被大客户万般折磨的企业，常常发出如此切肤般的感悟。

一时间，砍大户、压缩渠道层级成为营销界潮流性话题，怎样砍大户甚至成了业务人员的必修课。在快消品行业，尤其是啤酒行业，如果有人说要倡导“大客户模式”，必然会招来一片质疑，因为行业的潮流就是渠道扁平、多客户制、小区域精细化，谁要逆潮流而动，必然被人笑话。

多年前，营销界流行深度分销，对于大客户的处理手法就是一句话：扁平！所谓扁平就是把某个区域市场的独家经销商的二批商发展为一批商，经销商数量一个变多个。在这个过程中，二批商或者三批商因为长年享受不到厂家的阳光，突然在“扁平运动”中成了“真正的主人”，于是对厂家感恩戴德。

于是，推行扁平化的企业，在初期往往会收到奇效，尤其是主力市场上，业绩突飞猛进，新旗手们大多兢兢业业、尽职尽责。

但是市场一旦趋于成熟，又会同时出现很多问题：市场疲软，价格混乱，产品老化速度加快，企业被迫加快推陈出新的速度，但产品年年换代，却往往是换汤不换药！

燕京啤酒在北京市场占有绝对的垄断地位，假设燕京啤酒在北京推行渠道扁平运动，燕京啤酒的所有二批商、三批商会高呼万岁、顶礼膜拜，同时燕京啤酒的业绩也会在短期内突飞猛进，经销商数量完全可以从原有的几百个变成几千上万个！

这种泡沫式的业绩一旦形成之后，必然会带来窜货砸价、你争我抢、价格混乱的局面，业绩大起大落！

在中国市场短短三十年的历史上，为了标明自己的旗帜鲜明，一个新营销模式的产生，往往是另一模式的衰败；一种“革命”主张的提出，也往往是将对立方彻底打倒才得以建立。

矫枉必过正的现实，让“深度分销”和“精耕细作”在反“大客户模式”的过程中，走向了另外一个极端：伪深度、伪精耕！

其最大教训在于：

（1）深度分销不等于渠道扁平。几年前的深度分销运动的核心就是渠道扁平，客户化大为小。

（2）精耕有度，更有毒！过分精耕的结局就是僧多粥少，乱打一气。看似是有序整顿、秉公执法，实则是自相残杀、决不手软。

二、大客户模式催生“假大户”

客户大小的标准往往在于资金实力或者销量大小，这些只是大客户的一个基本特征！企业通常认定的大客户，不只是有硬件条件，还有软件条件：一个真正的大客户一定是具备管理能力的，尤其是这个大客户的管理理念与厂家匹配，不仅承担物流、资金流的平台作用，更重要的是承担管理分销渠道、管理终端的责任！这样的大客户，往往存在于企业的基地市场中，要么是企业在与经销商多年并肩作战中形成了深厚的互相认同的文化基础，要么是经销商适应、执行甚至依赖企业提供的管理体系和管理理念。

在啤酒行业，把产品、渠道甚至业务人员管理的职能交给经销商，企业只是监督执行的操作模式，这种模式就是备受争议的大客户模式！

在矫枉过正、非左即右的思维之下，企业推行的大客户模式，和有些企业推行“深度分销”和“精耕细作”走向了伪深度、伪精耕的极端一样，走向了另外一个极端。

比如：

（1）全国一刀切，各地强制性实施，这对于变化莫测、特征迥异的中国市场来说无疑是一场灾难。

（2）各地重形式，不重效果，“有能没力”、有硬件没软件的“假大户”横行！“假大户”的形成往往是“闪婚”的结果，“假大户”有钱则大，有量则大，不重视文化认同，短期结合的拉郎配必然没有好结果！

根据某些企业的教训，要成功运用大客户模式，关键在于：

（1）企业的品牌文化及发展愿景能否让大客户产生共鸣和认同，能否让大客户投资产生长远回报，从而不离不弃，风雨同舟。

（2）企业能否给予经销商量身定做的内部管理提升模式，并能厚待经销商。

（3）企业能否给经销商创造基地市场环境，帮助其排除各种竞争因素，而不是包片、包干、大甩手。

三、两种模式为何可能遭遇相似灾难

无论是“伪精耕”，还是“假大户”，业务人员往往都会想方设法迷住以业绩为导向的管理层的眼睛！

业绩是什么？业绩的主要表现形式就是销量，但是大多数管理者会忽视一个定律：市场不一定来自于消费者点击，业绩也不一定代表消费者喜欢！

一批商不赚钱，二批商不愿卖，终端没利润的产品即使消费者疯狂抢购，也不会有人义务去销售，结果是有人买，没人卖！

有人会幼稚地认为：市场是由消费者需求来决定的！

错！

有市场必须有顾客需求，而客户需求存在却未必有市场！

在实际操作中，“有人买，没人卖”的局面比比皆是。

（1）单一客户模式下，分销渠道混乱。

啤酒作为物流成本极大的快消品，在地县级市场上一批商直供的全覆盖可能性几乎为零。这些市场的渠道模式大多是直分销模式，也就是一批商控制餐饮制高点，分销商覆盖流通及中小餐饮的模式。

如果厂家或经销商不能对分销渠道做精细化管理，价格体系必然一塌糊涂。结局一定是：分销商之所以卖这个产品，是靠它的畅销来拓展渠道，带动其他产品盈利！

（2）多客户模式下，网点配送混乱。

多客户模式下的市场，往往是厂家业务经理最为头疼的市场。

客户之间的摩擦，主要表现就是“你砸了我的价格，我窜了你的区域”。业务经理几乎就是消防队员兼社区大妈，一是灭火，处理砸价窜货突发事件，二是稳定，阻止经销商撕扯打架！

而让业务经理最为苦恼的是，由于多客户的原因，网点所窜的货位无法从批号上判断出是哪个客户的货，最终基本上判案无据！

为此，一些品牌就会深陷于“畅销不赚钱”的怪圈里面！不是不让渠道赚钱，而是因为见光死的原因，一旦渠道有利润，就砸个不停！

大客户逼宫，逼得厂家不得不“砍”；小客户、小区域代理僧多粥少，让厂家“烦”！原因何在？

不同的市场需要不同的管理模式！大则需要制衡，小则需要扶助，合适的才是最好的！

“本土管理实践与创新论坛”成立

长期以来，中国企业在学习西方管理、本土化实践中不断进步。经济进入新常态，管理也要进入深水区。东西方企业与管理，有共性，也有个性。本土管理领域正在产生自己独特的理论与模式。尤其在移动互联时代，中国的情况与西方更不同，有很多新课题，需要本土专家们一起研究。

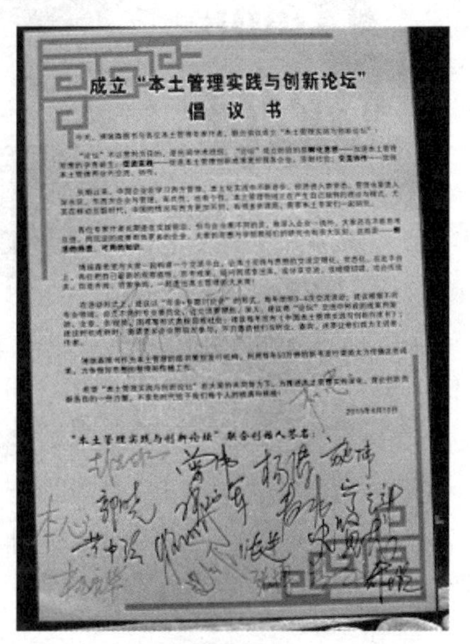
成立“本土管理实践与创新论坛”
倡 议 书

“本土管理实践与创新论坛”联合创始人签名：

为此，博瑞森图书与各位本土管理专家作者，联合成立“本土管理实践与创新论坛”！“论坛”不以盈利为目的。“论坛”的宗旨是：

孵化思想——加速本土管理思想的孕育诞生

促进实践——促进本土管理创新成果更好服务企业、贡献社会

交流协作——加强本土管理界业内交流、协作

通过这个论坛，让本土实践与思想的交流定期化、常态化。在此平台上，各位作者把自己最新的观察感悟、思考成果、疑问困惑拿出来，或分享交流、或碰撞切磋、或合作攻关。通过举办“年度论坛”、出版《年度报告》等方式，百花齐放、百家争鸣，一起走出本土管理的大未来！

“本土管理实践与创新论坛”联合创始人

彭志雄、曾伟、宋新宇、杨涛、施炜、郭晓、张学军、秦国伟、宁立新、黄中强、程绍珊、张进、史贤龙、杨永华、高可为、史立臣、张博、李志华、张本心、余世耀、杜忠（以年龄为序，以示本土管理群体思想传承之意）

行业类:零售、白酒、食品/快消品、农业、医药、建材家居等			
	书名．作者	内容/特色	读者价值
零售·超市·餐饮·服装·汽车	1. 总部有多强大,门店就能走多远 2. 超市卖场定价策略与品类管理 3. 连锁零售企业招聘与培训破解之道 4. 中国首家未来超市:解密安徽乐城 5. 三四线城市超市如何快速成长:解密甘雨亭 IBMG 国际商业管理集团 著	国内外标杆企业的经验 + 本土实践量化数据 + 操作步骤、方法	通俗易懂,行业经验丰富,宝贵的行业量化数据,关键思路和步骤
	涨价也能卖到翻 村松达夫 【日】	提升客单价的 15 种实用、有效的方法	日本企业在这方面非常值得学习和借鉴
	零售:把客流变成购买力 丁 昀 著	如何通过不断升级产品和体验式服务来经营客流	如何进行体验营销,国外的好经营,这方面有启发
	餐饮企业经营策略第一书 吴 坚 著	分别从产品、顾客、市场、盈利模式等几个方面,对现阶段餐饮企业的发展提出策略和思路	第一本专业的、高端的餐饮企业经营指导书
	赚不赚钱靠店长:从懂管理到会经营 孙彩军 著	通过生动的案例来进行剖析,注重门店管理细节方面的能力提升	帮助终端门店店长在管理门店的过程中实现经营思路的拓展与突破
	汽车配件这样卖:汽车后市场销售秘诀 100 条 俞士耀 著	汽配销售业务员必读,手把手教授最实用的方法,轻松得来好业绩	快速上岗,专业实效,业绩无忧
白酒	变局下的白酒企业重构 杨永华 著	帮助白酒企业从产业视角看清趋势,找准位置,实现弯道超车的书	行业内企业要减少 90%,自己在什么位置,怎么做,都清楚了
	1. 白酒营销的第一本书 2. 白酒经销商的第一本书 唐江华 著	华泽集团湖南开口笑公司品牌部长,擅长酒类新品推广、新市场拓展	扎根一线,实战
	区域型白酒企业营销必胜法则 朱志明 著	为区域型白酒企业提供 35 条必胜法则,在竞争中赢销的葵花宝典	丰富的一线经验和深厚积累,实操实用
	10 步成功运作白酒区域市场 朱志明 著	白酒区域操盘者必备,掌握区域市场运作的战略、战术、兵法	在区域市场的攻伐防守中运筹帷幄,立于不败之地
	酒业转型大时代:微酒精选 2014－2015 微酒 主编	本书分为五个部分:当年大事件、那些酒业营销工具、微酒独立策划、业内大调查和十大经典案例	了解行业新动态、新观点,学习营销方法
快消品·食品	乳业营销第一书 侯军伟 著	对区域乳品企业生存发展关键性问题的梳理	唯一的区域乳业营销书,区域乳品企业一定要看
	食用油营销第一书 余 盛 著	10 多年油脂企业工作经验,从行业到具体实操	食用油行业第一书,当之无愧
	中国茶叶营销第一书 柏 龑 著	如何跳出茶行业“大文化小产业”的困境,作者给出了自己的观察和思考	不是传统做茶的思路,而是现在商业做茶的思路
	调味品营销第一书 陈小龙 著	国内唯一一本调味品营销的书	唯一的调味品营销的书,调味品的从业者一定要看
	快消品营销人的第一本书:从入门到精通 刘 雷 伯建新 著	快消行业必读书,从入门到专业	深入细致,易学易懂
	变局下的快消品营销实战策略 杨永华 著	通胀了,成本增加,如何从被动应战变成主动的“系统战”	作者对快消品行业非常熟悉、非常实战
	快消品经销商如何快速做大 杨永华 著	本书完全从实战的角度,评述现象,解析误区,揭示原理,传授方法	为转型期的经销商提供了解决思路,指出了发展方向
	一位销售经理的工作心得 蒋 军 著	一线营销管理人员想提升业绩却无从下手时,可以看看这本书	一线的真实感悟
	快消品营销:一位销售经理的工作心得 2 蒋 军 著	快消品、食品饮料营销的经验之谈,重点图书	来源与实战的精华总结
	快消品营销与渠道管理 谭长春 著	将快消品标杆企业渠道管理的经验和方法分享出来	可口可乐、华润的一些具体的渠道管理经验,实战
	成为优秀的快消品区域经理 伯建新 著	37 个“怎么办”分析区域经理的工作关键点	可以作为区域经理的‘速成催化器’
	销售轨迹:一位快消品营销总监的拼搏之路 秦国伟 著	本书讲述了一个普通销售员打拼成为跨国企业营销总监的真实奋斗历程	激励人心,给广大销售员以力量和鼓舞

续表

快消品·食品	快消老手都在这样做:区域经理操盘锦囊 方刚　著	非常接地气,全是多年沉淀下来的干货,丰富的一线经验和实操方法不可多得	在市场摸爬滚打的"老油条",那些独家绝招妙招一般你问都是问不来的
农业	农资营销实战全指导 张　博　著	农资如何向"深度营销"转型,从理论到实践进行系统剖析,经验资深	朴实、使用!不可多得的农资营销实战指导
	农产品营销第一书 胡浪球　著	从农业企业战略到市场开拓、营销、品牌、模式等	来源于实践中的思考,有启发
	变局下的农牧企业发展9大策略 彭志雄　著	食品安全、纵向延伸、横向联合、品牌建设……	唯一的农牧企业经营实操的书,农牧企业一定要看
医药	新医改下医药营销与团队管理 史立臣　著	探讨新医改对医药行业的系列影响和医药团队管理	帮助理清思路,有一个框架
	医药营销与处方药学术推广 马宝琳　著	如何用医学策划把"平民产品"变成"明星产品"	有真货、讲真话的作者,堪称处方药营销的经典!
	新医改了,药店就要这样开 尚　锋　著	药店经营、管理、营销全攻略	有很强的实战性和可操作性
	电商来了,实体药店如何突围 尚　锋　著	电商崛起,药店该如何突围?本书从促销、会员服务、专业性、客单价等多重角度给出了指导方向	实战攻略,拿来就能用
	在中国,医药营销这样做:时代方略精选文集 段继东　主编	专注于医药营销咨询15年,将医药营销方法的精华文章合编,深入全面	可谓医药营销领域的顶尖著作,医药界读者的必读书
	OTC医药代表药店开发与维护 鄢圣安　著	要做到一名专业的医药代表,需要做什么、准备什么、知识储备、操作技巧等	医药代表药店拜访的指导手册,手把手教你快速上手
	引爆药店成交率1:店员导购实战 范月明　著	一本书解决药店导购所有难题	情景化、真实化、实战化
	引爆药店成交率2:经营落地实战 范月明　著	最接地气的经营方法全指导	揭示了药店经营的几类关键问题
建材家居	建材家居营销实务 程绍珊　杨鸿贵　主编	价值营销运用到建材家居,每一步都让客户增值	有自己的系统、实战
	建材家居门店销量提升 贾同领　著	店面选址、广告投放、推广助销、空间布局、生动展示、店面运营等	门店销量提升是一个系统工程,非常系统、实战
	10步成为最棒的建材家居门店店长 徐伟泽　著	实际方法易学易用,让员工能够迅速成长,成为独当一面的好店长	只要坚持这样干,一定能成为好店长
	手把手帮建材家居导购业绩倍增:成为顶尖的门店店员 熊亚柱　著	生动的表现形式,让普通人也能成为优秀的导购员,让门店业绩长红	读着有趣,用着简单,一本在手、业绩无忧
工业品	解决方案营销实战案例 刘祖轲　著	用10个真案例讲明白什么是工业品的解决方案式营销,实战、实用	有干货、真正操作过的才能写得出来
	变局下的工业品企业7大机遇 叶敦明　著	产业链条的整合机会、盈利模式的复制机会、营销红利的机会、工业服务商转型机会……	工业品企业还可以这样做,思维大突破
	工业品市场部实战全指导 杜　忠　著	工业品市场部经理工作内容全指导	系统、全面、有理论、有方法,帮助工业品市场部经理更快提升专业能力
	工业品营销管理实务 李洪道　著	中国特色工业品营销体系的全面深化、工业品营销管理体系优化升级	工具更实战,案例更鲜活,内容更深化
	工业品企业如何做品牌 张东利　著	为工业品企业提供最全面的品牌建设思路	有策略、有方法、有思路、有工具
	一本书读懂工业4.0 丁兴良　编著	没有枯燥的理论和说教,用朴实直白的语言告诉你工业4.0的全貌	工业4.0是什么?本书告诉你答案

续表

金融	交易心理分析 (美)马克·道格拉斯 著 刘真如 译	作者一语道破赢家的思考方式，并提供了具体的训练方法	不愧是投资心理的第一书，绝对经典
	精品银行管理之道 崔海鹏 何屹 主编	中小银行转型的实战经验总结	中小银行的教材很多，实战类的书很少，可以看看
	支付战争 Eric M. Jackson 著 徐彬 王晓 译	PayPal 创业期营销官，亲身讲述 PayPal 从诞生到壮大到成功出售的整个历史	激烈、有趣的内幕商战故事！了解美国支付市场的风云巨变
房地产	产业园区/产业地产规划、招商、运营实战 阎立忠 著	目前中国第一本系统解读产业园区和产业地产建设运营的实战宝典	从认知、策划、招商到运营全面了解地产策划
	人文商业地产策划 戴欣明 著	城市与商业地产战略定位的关键是不可复制性，要发现独一无二的“味道”	突破千城一面的策划困局

经营类：企业如何赚钱，如何抓机会，如何突破，如何“开源”

	书名．作者	内容/特色	读者价值
抓方向	让经营回归简单．升级版 宋新宇 著	化繁为简抓住经营本质：战略、客户、产品、员工、成长	经典，做企业就这几个关键点！
	企业由小到大要过哪些坎 卢强 著	老板手里的一张“企业成长路线图”	现在我在哪儿，未来还要走哪些路，都清楚了
	企业二次创业成功路线图 夏惊鸣 著	企业曾经抓住机会成功了，但下一步该怎么办?	企业怎样获得第二次成功，心里有个大框架了
	老板经理人双赢之道 陈明 著	经理人怎养选平台、怎么开局，老板怎样选/育/用/留	老板生闷气，经理人牢骚大，这次知道该怎么办了
	简单思考：AMT 咨询创始人自述 孔祥云 著	著名咨询公司(AMT)的 CEO 创业历程中点点滴滴的经验与思考	每一位咨询人，每一位创业者和管理经营者，都值得一读
	企业文化的逻辑 王祥伍 黄健江 著	为什么企业绩效如此不同，解开绩效背后的文化密码	少有的深刻，有品质，读起来很流畅
	使命驱动企业成长 高可为 著	钱能让一个人今天努力，使命能让一群人长期努力	对于想做事业的人，‘使命’是绕不过去的
思维突破	移动互联新玩法：未来商业的格局和趋势 史贤龙 著	传统商业、电商、移动互联，三个世界并存，这种新格局的玩法一定要懂	看清热点的本质，把握行业先机，一本书搞定移动互联网
	画出公司的互联网进化路线图：用互联网思维重塑产品、客户和价值 李蓓 著	18 个问题帮助企业一步步梳理出互联网转型思路	思路清晰、案例丰富，非常有启发性
	重生战略：移动互联网和大数据时代的转型法则 沈拓 著	在移动互联网和大数据时代，传统企业转型如同生命体打算与再造，称之为“重生战略”	帮助企业认清移动互联网环境下的变化和应对之道
	创造增量市场：传统企业互联网转型之道 刘红明 著	传统企业需要用互联网思维去创造增量，而不是用电子商务去转移传统业务的存量	教你怎么在“互联网 +”的海洋中创造实实在在的增量
	7 个转变，让公司 3 年胜出 李蓓 著	消费者主权时代，企业该怎么办	这就是互联网思维，老板有能这样想，肯定倒不了
	跳出同质思维，从跟随到领先 郭剑 著	66 个精彩案例剖析，帮助老板突破行业长期思维惯性	做企业竟然有这么多玩法，开眼界
	麻烦就是需求 难题就是商机 卢根鑫 著	如何借助客户的眼睛发现商机	什么是真商机，怎么判断、怎么抓，有借鉴
	2015 本土管理实践与创新论坛思想荟萃	加速本土管理思想的孕育诞生，促进本土管理创新成果更好地服务企业、贡献社会	各个作者本年度最新思想，帮助读者拓宽眼界、突破思维

续表

管理类:效率如何提升,如何实现经营目标,如何“节流”			
	书名. 作者	内容/特色	读者价值
通用管理	1. 让管理回归简单. 升级版 2. 让经营回归简单. 升级版 3. 让用人回归简单 宋新宇 著	宋博士的“简单”三部曲,影响20万读者,非常经典	被读者热情地称作“中小企业的管理圣经”
	边干边学做老板 黄中强 著	创业20多年的老板,有经验、能写、又愿意分享,这样的书很少	处处共鸣,帮助中小企业老板少走弯路
	阿米巴经营的中国模式 李志华 著	让员工从“要我干”到“我要干”,价值量化出来	阿米巴在企业如何落地,明白思路了
	阿米巴中国落地实践三部曲之科学划分阿米巴 胡八一 著	重点讲解如何科学划分阿米巴单元,阐述划分的实操要领、思路、方法、技术与工具	最大限度减少“推行风险”和“摸索成本”,利于公司成功搭建适合自身的个性化阿米巴经营体系
	欧博心法:好管理靠修行 曾 伟 著	用佛家的智慧,深刻剖析管理问题,见解独到	如果真的有‘中国式管理’,曾老师是其中标志性人物
流程管理	1. 用流程解放管理者 2. 用流程解放管理者2 张国祥 著	中小企业阅读的流程管理、企业规范化的书	通俗易懂,理论和实践的结合恰到好处
	跟我们学建流程体系 陈立云 著	畅销书《跟我们学做流程管理》系列,更实操,更细致,更深入	更多地分享实践,分享感悟,从实践总结出来的方法论
战略落地	公司大了怎么管:从靠英雄到靠组织 AMT金国华 著	第一次详尽阐释中国快速成长型企业的特点、问题及解决之道	帮助快速成长型企业领导及管理团队理清思路,突破瓶颈
	低效会议怎么改:每年节省一半会议成本的秘密 AMT王玉荣 著	教你如何系统规划公司的各级会议,一本工具书	教会你科学管理会议的办法
	年初订计划,年尾有结果:战略落地七步成诗 AMT郭晓 著	7个步骤教会你怎么让公司制定的战略转变为行动	系统规划,有效指导计划实现
企业案例·老板传记	宗:一位制造业企业家的思考 杨 涛 著	1993年创业,引领企业平稳发展20多年,分享独到的心得体会	难得的一本老板分享经验的书
	简单思考:AMT咨询创始人自述 孔祥云 著	著名咨询公司(AMT)的CEO创业历程中点点滴滴的经验与思考	每一位咨询人,每一位创业者和管理经营者,都值得一读
	六个核桃凭什么:从0到150亿 张学军 著	首部全面揭秘养元六个核桃裂变式成长的巨著	学习优秀企业的成长路径,了解其背后的理论体系
	三四线城市超市如何快速成长:解密甘雨亭 IBMG国际商业管理集团 著	国内外标杆企业的经验+本土实践量化数据+操作步骤、方法	通俗易懂,行业经验丰富,宝贵的行业量化数据,关键思路和步骤
	中国首家未来超市:解密安徽乐城 IBMG国际商业管理集团 著	本书深入挖掘了安徽乐城超市的试验案例,为零售企业未来的发展提供了一条可借鉴之路	通俗易懂,行业经验丰富,宝贵的行业量化数据,关键思路和步骤
	借力咨询:德邦成长背后的秘密 官同良 王祥伍 著	讲述德邦是如何借助咨询公司的力量进行自身与发展的	来自德邦内部的第一线资料,真实、珍贵,令人受益匪浅
人力资源	回归本源看绩效 孙 波 著	让绩效回顾“改进工具”的本源,真正为企业所用	确实是来源于实践的思考,有共鸣
	曹子祥教你做绩效管理 曹子祥 著	复杂的理论通俗化,专业的知识简单化,企业绩效管理共性问题的解决方案	轻松掌握绩效管理
人力资源	把招聘做到极致 远 鸣 著	作为世界500强高级招聘经理,作者数十年招聘经验的总结分享	带来职场思考境界的提升和具体招聘方法的学习
	人才评价中心. 超级漫画版 邢 雷 著	专业的主题,漫画的形式,只此一本	没想到一本专业的书,能写成这效果

续表

人力资源	**走出薪酬管理误区** 全怀周　著	剖析薪酬管理的8大误区，真正发挥好枢纽作用	值得企业深读的实用教案
	集团化人力资源管理实践 李小勇　著	对搭建集团化的企业很有帮助，务实，实用	最大的亮点不是理论，而是结合实际的深入剖析
	我的人力资源咨询笔记 张　伟　著	管理咨询师的视角，思考企业的HR管理	通过咨询师的眼睛对比很多企业，有启发
	本土化人力资源管理8大思维 周　剑　著	成熟HR理论，在本土中小企业实践中的探索和思考	对企业的现实困境有真切体会，有启发
	HRBP是这样炼成的之"菜鸟起飞" 新　海　著	以小说的形式，具体解析HRBP的职责，应该如何操作，如何为业务服务	实践者的经验分享，内容实务具体，形式有趣
企业文化	**华夏基石方法：企业文化落地本土实践** 王祥伍　谭俊峰　著	十年积累、原创方法、一线资料，和盘托出	在文化落地方面真正有洞察，有实操价值的书
	企业文化的逻辑 王祥伍　著	为什么企业之间如此不同，解开绩效背后的文化密码	少有的深刻，有品质，读起来很流畅
	企业文化激活沟通 宋杼宸　安　琪　著	透过新任HR总经理的眼睛，揭示出沟通与企业文化的关系	有实际指导作用的文化落地读本
	在组织中绽放自我：从专业化到职业化 朱仁健　王祥伍　著	个人如何融入组织，组织如何助力个人成长	帮助企业员工快速认同并投入到组织中去，为企业发展贡献力量
生产管理	**高员工流失率下的精益生产** 余伟辉　著	中国的精益生产必须面对和解决高员工流失率问题	确实来源于本土的工厂车间，很务实
	车间人员管理那些事儿 岑立聪　著	车间人员管理中处理各种"疑难杂症"的经验和方法	基层车间管理者最闹心、头疼的事，'打包'解决
	1. 欧博心法：好管理靠修行 **2. 欧博心法：好工厂这样管** 曾　伟　著	他是本土最大的制造业管理咨询机构创始人，他从400多个项目、上万家企业实践中锤炼出的欧博心法	中小制造型企业，一定会有很强的共鸣
	欧博工厂案例1：生产计划管控对话录 **欧博工厂案例2：品质技术改善对话录** **欧博工厂案例3：员工执行力提升对话录** 曾　伟　著	最典型的问题、最详尽的解析，工厂管理9大问题27个经典案例	没想到说得这么细，超出想象，案例很典型，照搬都可以了
	苦中得乐：管理者的第一堂必修课 曾　伟　编著	曾伟与师傅大愿法师的对话，佛学与管理实践的碰撞，管理禅的修行之道	用佛学最高智慧看透管理
	比日本工厂更高效1：管理提升无极限 刘承元　著	指出制造型企业管理的六大积弊；颠覆流行的错误认知；掌握精益管理的精髓	每一个企业都有自己不同的问题，管理没有一剑封喉的秘笈，要从现场、现物、现实出发
	比日本工厂更高效2：超强经营力 刘承元　著	企业要获得持续盈利，就要开源和节流，即实现销售最大化，费用最小化	掌握提升工厂效率的全新方法
	比日本工厂更高效3：精益改善力的成功实践 刘承元　著	工厂全面改善系统有其独特的目的取向特征，着眼于企业经营体质（持续竞争力）的建设与提升	用持续改善力来飞速提升工厂的效率，高效率能够带来意想不到的高效益
	IE精益：提高工厂有效产出之道 党新民　苏迎斌　蓝旭日　著	系统的阐述了IE技术的来龙去脉以及操作方法	使员工与企业持续获利

续表

员工素质提升	跟老板"偷师"学创业 吴江萍　余晓雷　著	边学边干,边观察边成长,你也可以当老板	不同于其他类型的创业书,让你在工作中积累创业经验,一举成功
	销售轨迹:一位快消品营销总监的拼搏之路 秦国伟　著	本书讲述了一个普通销售员打拼成为跨国企业营销总监的真实奋斗历程	激励人心,给广大销售员以力量和鼓舞
	在组织中绽放自我:从专业化到职业化 朱仁健　王祥伍　著	个人如何融入组织,组织如何助力个人成长	帮助企业员工快速认同并投入到组织中去,为企业发展贡献力量
	企业员工弟子规:用心做小事,成就大事业 贾同领　著	从传统文化《弟子规》中学习企业中为人处事的办法,从自身做起	点滴小事,修养自身,从自身的改善得到事业的提升
	手把手教你做顶尖企业内训师:TTT 培训师宝典 熊亚柱　著	从课程研发到现场把控、个人提升都有涉及,易读易懂,内容丰富全面	想要做企业内训师的员工有福了,本书教你如何抓住关键,从入门到精通

营销类:把客户需求融入企业各环节,提供"客户认为"有价值的东西

	书名. 作者	内容/特色	读者价值
营销模式	变局下的营销模式升级 程绍珊　叶　宁　著	客户驱动模式、技术驱动模式、资源驱动模式	很多行业的营销模式被颠覆,调整的思路有了!
	卖轮子 科克斯【美】	小说版的营销学!营销理念巧妙贯穿其中,贵在既有趣,又有深度	经典、有趣!一个故事读懂营销精髓
	弱势品牌如何做营销 李政权　著	中小企业虽有品牌但没名气,营销照样能做的有声有色	没有丰富的实操经验,写不出这么具体、详实的案例和步骤,很有启发
	老板如何管营销 史贤龙　著	高段位营销 16 招,好学好用	老板能看,营销人也能看
	动销:产品是如何畅销起来的 吴江萍　余晓雷　著	真真切切告诉你,产品究竟怎么才能卖出去	击中痛点,提供方法,你值得拥有
组织和团队	升级你的营销组织 程绍珊　吴越舟　著	用"有机性"的营销组织替代"营销能人",营销团队变成"铁营盘"	营销队伍最难管,程老师不愧是营销第 1 操盘手,步骤方法都很成熟
	用数字解放营销人 黄润霖　著	通过量化帮助营销人员提高工作效率	作者很用心,很好的常备工具书
	成为优秀的快消品区域经理 伯建新　著	37 个"怎么办"分析区域经理的工作关键点	可以作为区域经理的'速成催化器'
	一位销售经理的工作心得 蒋　军　著	一线营销管理人员想提升业绩却无从下手时,可以看看这本书	一线的真实感悟
	快消品营销:一位销售经理的工作心得 2 蒋　军　著	快消品、食品饮料营销的经验之谈,重点突出	来源于实战的精华总结
	销售轨迹:一位快消品营销总监的拼搏之路 秦国伟　著	本书讲述了一个普通销售员打拼成为跨国企业营销总监的真实奋斗历程	激励人心,给广大销售员以力量和鼓舞
	用营销计划锁定胜局:用数字解放营销人 2 黄润霖　著	全方位教你怎么做好营销计划,好学好用真简单	照搬套用就行,做营销计划再也不头痛
	快消品营销人的第一本书:从入门到精通 刘　雷　伯建新　著	快消行业必读书,从入门到专业	深入细致,易学易懂
营销案例	解决方案营销实战案例 刘祖轲　著	用 10 个真案例讲明白什么是工业品的解决方案式营销,实战、实用	有干货、真正操作过的才能写得出来
	招招见销量的营销常识 刘文新　著	如何让每一个营销动作都直指销量	适合中小企业,看了就能用

续表

营销案例	**我们的营销真案例** 联纵智达研究院　著	五芳斋粽子从区域到全国/诺贝尔瓷砖门店销量提升/利豪家具出口转内销/汤臣倍健的营销模式	选择的案例都很有代表性，实在、实操！
	中国营销战实录：令人拍案叫绝的营销真案例 联纵智达　著	51个案例，42家企业，38万字，18年，累计2000余人次参与……	最真实的营销案例，全是一线记录，开阔眼界
	双剑破局：沈坤营销策划案例集 沈　坤　著	双剑公司多年来的精选案例解析集，阐述了项目策划中每一个营销策略的诞生过程，策划角度和方法	一线真实案例，与众不同的策划角度令人拍案叫绝、受益匪浅
产品	**产品炼金术Ⅰ：如何打造畅销产品** 史贤龙　著	满足不同阶段、不同体量、不同行业企业对产品的完整需求	必须具备的思维和方法，避免在产品问题上走弯路
	产品炼金术Ⅱ：如何用产品驱动企业成长 史贤龙　著	做好产品、关注产品的品质，就是企业成功的第一步	必须具备的思维和方法，避免在产品问题上走弯路
	新产品开发管理，就用IPD 郭富才　著	10年IPD研发管理咨询总结，国内首部IPD专业著作	一本书掌握IPD管理精髓
品牌	**中小企业如何建品牌** 梁小平　著	中小企业建品牌的入门读本，通俗、易懂	对建品牌有了一个整体框架
	采纳方法：破解本土营销8大难题 朱玉童　编著	全面、系统、案例丰富、图文并茂	希望在品牌营销方面有所突破的人，应该看看
	中国品牌营销十三战法 朱玉童　编著	采纳20年来的品牌策划方法，同时配有大量的案例	众包方式写作，丰富案例给人启发，极具价值
	今后这样做品牌：移动互联时代的品牌营销策略 蒋军　著	与移动互联紧密结合，告诉你老方法还能不能用，新方法怎么用	今后这样做品牌就对了
渠道通路	**快消品营销与渠道管理** 谭长春　著	将快消品标杆企业渠道管理的经验和方法分享出来	可口可乐、华润的一些具体的渠道管理经验，实战
	传统行业如何用网络拿订单 张　进　著	给老板看的第一本网络营销书	适合不懂网络技术的经营决策者看
	采纳方法：化解渠道冲突 朱玉童　编著	系统剖析渠道冲突，21个渠道冲突案例、情景式讲解，37篇讲义	系统、全面
	学话术　卖产品 张小虎　著	分析常见的顾客异议，将优秀的话术模块化	让普通导购员也能成为销售精英
	向高层销售：与决策者有效打交道 贺兵一　著	一套完整有效的销售策略	有工具，有方法，有案例，通俗易懂
	通路精耕操作全解：快消品20年实战精华 周　俊　陈小龙　著	通路精耕的详细全解，每一步的具体操作方法和表单全部无保留提供	康师傅二十年的经验和精华，实践证明的最有效方法，教你如何主宰通路

思想·文化：把客户需求融入企业各环节，提供“客户认为”有价值的东西

	书名．作者	内容/特色	读者价值
思想·文化	**史幼波中庸讲记（上下册）** 史幼波　著	全面、深入浅出地揭示儒家中庸文化的真谛	儒释道三家思想融汇贯通
	史幼波心经讲记（上下册） 史幼波　著	句句精讲，句句透彻，佛法经典的多角度阐释	通俗易懂，将深刻的教理以浅显的语言讲出来
	史幼波大学讲记 史幼波　著	用儒释道的观点阐释大学的深刻思想	一本书读懂传统文化经典
	史幼波《周子通书》《太极图说》讲记 史幼波　著	把形而上的宇宙、天地，与形而下的社会、人生、经济、文化等融合在一起	将儒家的一整套学修系统融合起来